Tempeh & S Recepten voor Elke Maaltijd

100 hartige, eiwitrijke recepten voor een smaakvolle veganistische keuken

Evie Huisman

© Copyright 2024 - Alle rechten voorbehouden.

Het volgende boek wordt hieronder gereproduceerd met als doel om informatie te verstrekken die zo nauwkeurig en betrouwbaar mogelijk is. Hoe dan ook, de aankoop van dit boek kan worden gezien als toestemming voor het feit dat zowel de uitgever als de auteur van dit boek op geen enkele manier experts zijn op het gebied van de onderwerpen die erin worden besproken en dat alle aanbevelingen of suggesties die hierin worden gedaan alleen voor entertainmentdoeleinden zijn. Professionals dienen indien nodig te worden geraadpleegd voordat er een van de hierin onderschreven acties wordt ondernomen.

Deze verklaring wordt door zowel de American Bar Association als het Committee of Publishers Association als eerlijk en geldig beschouwd en is juridisch bindend in de hele Verenigde Staten.

Bovendien zal de overdracht, duplicatie of reproductie van een van de volgende werken, inclusief specifieke informatie, worden beschouwd als een illegale handeling, ongeacht of dit elektronisch of in druk gebeurt. Dit strekt zich uit tot het maken van een secundaire of tertiaire kopie van het werk of een opgenomen kopie en is alleen toegestaan met de uitdrukkelijke schriftelijke toestemming van de uitgever. Alle aanvullende rechten voorbehouden.

De informatie op de volgende pagina's wordt over het algemeen beschouwd als een waarheidsgetrouw en nauwkeurig verslag van feiten en als zodanig zal elke onoplettendheid, gebruik of misbruik van de betreffende informatie door de lezer alle resulterende acties uitsluitend onder hun bevoegdheid laten vallen. Er zijn geen scenario's waarin de uitgever of de oorspronkelijke auteur van dit werk op enigerlei wijze aansprakelijk kan worden gesteld voor enige tegenslag of schade die hen kan overkomen na het ondernemen van de hierin beschreven informatie.

Bovendien is de informatie op de volgende pagina's alleen bedoeld voor informatieve doeleinden en moet daarom als universeel worden beschouwd. Zoals passend bij de aard ervan, wordt het gepresenteerd zonder garantie met betrekking tot de verlengde geldigheid of tussentijdse kwaliteit. Handelsmerken die worden genoemd, worden gedaan zonder schriftelijke toestemming en kunnen op geen enkele manier worden beschouwd als een goedkeuring van de handelsmerkhouder.

Samenvatting

INVOERING..8

1. Bonenwrongel met oestersaus...............................10
2. Gefrituurde tofu...12
3. Gefermenteerde bonenwrongel met spinazie........13
4. Gestoofde Tofu...15
5. Chinese noedels in pinda-sesamsaus.....................17
6. Mandarijnnoedels..19
7. Bonenwrongel met bonensaus en noedels............21
8. Tofu gevuld met garnalen.......................................23
9. Bonenwrongel met Sichuan-groenten...................25
10. Gestoofde tofu met drie groenten........................27
11. Met varkensvlees gevulde tofu driehoekjes........29
12. Cranberrypannenkoekjes met siroop..................31
13. Soja-geglazuurde tofu...33
15. Knapperige tofu met pittige kappertjessaus.......37
16. Gebakken tofu met gouden jus............................39
17. Oranje-geglazuurde tofu en asperges..................41
18. Tofu-pizzaiola..43
19. "Ka-Pow"-tofu...45
20. Tofu op Siciliaanse wijze......................................47
21. Thaise Phoon roerbak...49
22. Chipotle-geschilderde gebakken tofu..................51
23. Gegrilde tofu met tamarindeglazuur...................53
24. Tofu gevuld met waterkers..................................55
25. Tofu met pistache-granaatappel..........................57
26. Kruiden Eiland Tofu...59
27. Gembertofu met citrus-hoisinsaus......................61
28. Tofu met citroengras en sugarsnaps...................63
29. Dubbele sesamtofu met tahinsaus......................65

30. Tofu en Edamame stoofpot 67
31. Soja-bruine droomkoteletten 69
32. Mijn soort gehaktbrood 71
33. Zeer vanille wentelteefjes 73
34. Sesam-Soja Ontbijt Spread 75
35. Radiatore met Aurora saus 76
36. Klassieke tofu lasagne 78
37. Lasagne met rode snijbiet en spinazie 80
38. Geroosterde Groente Lasagne 82
40. Lasagne Primavera 86
41. Zwarte bonen-pompoenlasagne 89
42. Manicotti gevuld met snijbiet 91
44. Lasagnerolletjes 96
45. Pompoenravioli met doperwten 98
46. Artisjok-walnotenravioli 101
47. Tortellini met sinaasappelsaus 104
48. Groente Lo Mein Met Tofu 106
49. Pad Thai 108
50. Dronken spaghetti met tofu 111

TEMPEH 113

51. Spaghetti in Carbonara-stijl 114
51. Roerbak van tempeh en groenten 116
52. Teriyaki-tempeh 118
53. Gebarbecude tempeh 120
54. Sinaasappel-Bourbon Tempeh 122
55. Tempeh en zoete aardappelen 124
56. Creoolse Tempeh 126
57. Tempeh met citroen en kappertjes 128
58. Tempeh met esdoornsiroop en balsamico-glazuur 130
59. Verleidelijke Tempeh Chili 132

60. Tempeh-Cacciatore...134
61. Indonesische Tempeh In Kokossaus.....................................136
62. Gember-Pinda Tempeh..138
63. Tempeh met aardappelen en kool...140
64. Zuidelijke Succotash-stoofpot...142
65. Gebakken Jambalaya-schotel..144
66. Tempeh en zoete aardappeltaart...146
67. Pasta gevuld met aubergine en tempeh...............................148
68. Singaporese noedels met tempeh..151
69. Tempeh-spek...154
70. Spaghetti en T-balletjes..155
71. Paglia E Fieno met doperwten..158

ZIJN N..160

72. Basis gestoofde seitan..161
73. Gevulde gebakken seitangebraad..163
74. Seitan-braadstuk..166
75. Bijna eenpansgerecht Thanksgiving-diner...........................168
76. Seitan Milanese met Panko en Citroen................................171
77. Sesamkorst Seitan...172
78. Seitan met artisjokken en olijven..174
79. Seitan met ancho-chipotlesaus...176
80. Seitan Piccata..178
81. Driezaden Seitan...180
82. Fajitas zonder grenzen..182
83. Seitan met groene appelrelish..184
84. Seitan en broccoli-shiitake roerbak......................................186
85. Seitanbrochettes met perziken..188
86. Gegrilde seitan- en groentespiesjes.....................................190
87. Seitan En Croute..192
88. Seitan en aardappeltaart...194

89. Rustieke Cottagetaart..196
90. Seitan met spinazie en tomaten...198
91. Seitan en gegratineerde aardappelen...............................200
92. Koreaanse noedels roerbak..202
93. Rode bonen-chili met Jerk-kruiden..................................204
94. Herfststoofpot met medley..206
95. Italiaanse rijst met seitan..208
96. Twee-aardappel-hash..210
97. Enchiladas met zure room en seitan................................212
98. Veganistisch gevulde seitangebraad................................216
100. Cubaanse Seitan Sandwich..219

CONCLUSIE..**222**

INVOERING

Als je je eiwitbronnen wilt mixen met plantaardige krachtpatsers, kijk dan niet verder dan Tofu als een makkelijk te bereiden veganistische of vegetarische optie. Tofu is flexibel, qua bereiding. Dit komt omdat het in verschillende texturen verkrijgbaar is (afhankelijk van hoeveel water eruit geperst is) en vrij flauw is. Omdat het relatief smaakloos is, neemt het andere smaken goed op zonder ermee te concurreren.

Tofu, ook bekend als bonenwrongel, is een voedingsmiddel dat wordt bereid door sojamelk te laten stremmen en de resulterende wrongel vervolgens te persen tot stevige witte blokken van verschillende zachtheid; het kan zijdezacht, zacht, stevig, extra stevig of super stevig zijn. Naast deze brede categorieën zijn er vele soorten tofu. Het heeft een subtiele smaak, dus het kan worden gebruikt in hartige en zoete gerechten. Het wordt vaak gekruid of gemarineerd om bij het gerecht en de smaken te passen, en vanwege de sponsachtige textuur absorbeert het smaken goed.

Als je er nog nooit mee hebt gewerkt, kan het koken van tofu een hele uitdaging zijn. Maar als je er eenmaal wat meer over weet, is het niet makkelijker om tofu goed te bereiden! Hieronder vind je de lekkerste en makkelijkste recepten om als een pro te koken!

Eenvoudige tips voor het koken van tofu:

- Zorg ervoor dat je de juiste textuur kiest. In supermarkten varieert het van zijdezacht tot stevig en extra stevig. Zachte zijden tofu zou mijn keuze zijn om te mengen in desserts of om te snijden in misosoep, maar als je het serveert als hoofdgerecht of als topping op kommen, heb je extra stevig nodig. Het heeft een stevigere, dichtere textuur en minder watergehalte dan andere soorten tofu. Let op: ik koop liever biologische tofu die is gemaakt zonder genetisch gemodificeerde sojabonen.

- Pers het uit. Tofu bevat veel water en je wilt het meeste eruit persen, vooral als je het bakt, grilt of frituurt. Tofupersen zijn verkrijgbaar in winkels, maar je hoeft er geen te hebben. Je kunt een stapel boeken gebruiken of gewoon doen wat ik doe en je handen gebruiken om het lichtjes in een theedoek of papieren handdoeken te drukken. (Zorg er alleen voor dat je niet te hard duwt, anders brokkelt het af!)

- Spice. It. Up. Er is een reden dat tofu kritiek krijgt omdat het flauw is, en dat is het ook! Zorg dat je het goed kruidt. Je kunt het marineren of bereiden met een recept voor knapperig gebakken tofu.

1. Bonenwrongel met oestersaus

- 8 ons bonenwrongel
- 113 gram verse champignons 6 bosuitjes
- 3 stengels bleekselderij
- rode of groene peper
- eetlepels plantaardige olie 1/2 kopje water
- eetlepel maizena
- eetlepels oestersaus 4 theelepels droge sherry
- 4 theelepels sojasaus

Snij de tahoe in blokjes van 1/2 inch. Maak de champignons schoon en snij ze in plakjes. Snij de uien in stukjes van 1 inch. Snij de selderij in schuine plakjes van 1/2 inch. Verwijder de zaadjes uit de peper en snij de peper in stukjes van 1/2 inch.

Verhit 1 eetlepel olie in een wok op hoog vuur. Bak de tofu in de olie, zachtjes roerend, tot lichtbruin, 3 minuten. Haal uit de pan.

Verhit de resterende 1 eetlepel olie in een wok op hoog vuur. Voeg champignons, uien, selderij en peper toe, roerbak 1 minuut.

Doe de bonenwrongel terug in de wok. Schud voorzichtig om te mengen. Meng water, maizena, oestersaus, sherry en sojasaus. Giet het mengsel over de wok. Kook en

roer tot de vloeistof kookt. Kook en roer nog 1 minuut.

2. Gefrituurde tofu

- 1 blok stevige tofu
- ¼ kopje maizena
- 4–5 kopjes olie om in te frituren

    Laat de tofu uitlekken en snijd in blokjes. Bestrijk met de maïzena.

    Voeg olie toe aan een voorverwarmde wok en verwarm tot 350°F. Wanneer de olie heet is, voeg je de tofublokjes toe en frituur je ze tot ze goudbruin zijn. Laat ze uitlekken op keukenpapier.

    Geeft 2¾ kopjes
    Deze smakelijke en voedzame shake is een ideaal ontbijt of middagsnack. Voeg voor extra smaak seizoensbessen toe.

3. Gefermenteerde bonenwrongel met spinazie

- 5 kopjes spinazieblaadjes
- 4 blokjes gefermenteerde bonenwrongel met chilipepers
- Een snufje vijfkruidenpoeder (minder dan ⅛ een theelepel)
- 2 eetlepels olie om te roerbakken
- 2 teentjes knoflook, fijngehakt

Blancheer de spinazie door de bladeren kort in kokend water te dompelen. Laat goed uitlekken.

Prak de gefermenteerde tofublokjes fijn en meng er het vijfkruidenpoeder door.

Voeg olie toe aan een voorverwarmde wok of koekenpan. Wanneer de olie heet is, voeg je de knoflook toe en roerbak je kort tot het aromatisch is. Voeg de spinazie toe en roerbak 1-2 minuten. Voeg de gepureerde tahoe toe in het midden van de wok en meng met de spinazie. Laat het doorkoken en serveer het warm.

4. **Gestoofde Tofu**

- 1 pond rundvlees
- 4 gedroogde paddenstoelen
- 8 ons geperste tofu
- 1 kopje lichte sojasaus
- ¼ kopje donkere sojasaus
- ¼ kopje Chinese rijstwijn of droge sherry
- 2 eetlepels olie om te roerbakken
- 2 plakjes gember
- 2 teentjes knoflook, fijngehakt
- 2 kopjes water
- 1 steranijs

Snijd het rundvlees in dunne plakjes. Week de gedroogde paddenstoelen minstens 20 minuten in heet water om ze zacht te maken. Knijp voorzichtig om overtollig water te verwijderen en snijd ze in plakjes. Snijd de tofu in blokjes van ½ inch. Meng de lichte sojasaus, donkere sojasaus, Konjac rijstwijn, witte en bruine en zet apart.

Voeg olie toe aan een voorverwarmde wok of koekenpan. Wanneer de olie heet is, voeg je de plakjes gember en knoflook toe en roerbak je kort tot het aromatisch is. Voeg het rundvlees toe en bak tot het bruin is. Voordat het rundvlees klaar is met koken, voeg je de tofublokjes toe en bak je kort.

Voeg de saus en 2 kopjes water toe. Voeg de steranijs toe. Breng aan de kook, zet het vuur laag en laat sudderen. Voeg na 1 uur de gedroogde paddenstoelen toe. Laat nog 30 minuten sudderen, of tot de vloeistof is gereduceerd. Verwijder indien gewenst de steranijs voor het serveren.

5. Chinese noedels in pinda-sesamsaus

- 1 pond Chinese noedels
- 2 eetlepels donkere sesamolie

DRESSING:
- 6 eetlepels pindakaas 1/4 kopje water
- 3 eetlepels lichte sojasaus 6 eetlepels donkere sojasaus
- 6 eetlepels tahin (sesampasta)
- 1/2 kopje donkere sesamolie 2 eetlepels sherry
- 4 theelepels rijstwijnazijn 1/4 kopje honing
- 4 middelgrote teentjes knoflook, fijngehakt
- 2 tl. fijngehakte verse gember
- 2-3 eetlepels hete peperolie (of hoeveelheid naar eigen smaak) 1/2 kopje heet water

Combineer hete rode pepervlokken en olie in een pan op middelhoog vuur. Breng aan de kook en zet het vuur onmiddellijk uit. Laat afkoelen. Zeef in een kleine glazen container die kan worden afgesloten. Koel.

GARNERING:
- 1 wortel, geschild
- 1/2 stevige middelgrote komkommer, geschild, ontpit en in reepjes gesneden 1/2 kopje geroosterde pinda's, grof gehakt
- 2 bosuitjes, in dunne ringen gesneden

Kook de noedels in een grote pan met kokend water op middelhoog vuur. Kook tot ze net gaar zijn en nog stevig. Giet ze meteen af en spoel ze af met koud water tot ze koud zijn. Giet ze goed af en meng de noedels met (2 eetlepels) donkere sesamolie zodat ze niet aan elkaar plakken.

VOOR DE DRESSING: doe alle ingrediënten behalve het hete water in een blender en mix tot een glad geheel. Verdun met het hete water tot de consistentie van slagroom.

Voor garnering, schil het vruchtvlees van de wortel in korte snippers van ongeveer 4 inch lang. Leg het 30 minuten in ijswater om te krullen. Meng de noedels vlak voor het serveren met de saus. Garneer met komkommer, pinda's, groene ui en wortelkrullen. Serveer koud of op kamertemperatuur.

6. Mandarijnnoedels

- gedroogde Chinese paddenstoelen
- 1/2 pond verse Chinese noedels 1/4 kopje pindaolie
- eetlepel hoisinsaus 1 eetlepel bonensaus
- eetlepels rijstwijn of droge sherry 3 eetlepels lichte sojasaus
- of honing
- 1/2 kopje gereserveerde paddenstoelenweekvloeistof 1 theelepel chilipeperpasta
- 1 eetlepel maizena
- 1/2 rode paprika - in blokjes van 1/2 inch
- 1/2 blik van 8 ounce hele bamboescheuten, in blokjes van 1/2 inch gesneden, afgespoeld en uitgelekt 2 kopjes taugé
- bosui - in dunne plakjes gesneden

Week de Chinese paddenstoelen in 1 1/4 kopjes heet water gedurende 30 minuten. Terwijl ze weken, breng je 4 liter water aan de kook en kook je de noedels gedurende 3 minuten. Giet af en meng met 1 eetlepel pindaolie; zet apart.

Haal de champignons eruit; zeef en bewaar 1/2 kopje van het weekvocht voor de saus. Snijd de stelen van de champignons af en gooi ze weg; hak de hoedjes grof en zet ze apart.

Meng de ingrediënten voor de saus in een kleine kom; zet apart. Los de maizena op in 2 eetlepels koud water; zet apart.

Zet de wok op middelhoog vuur. Wanneer het begint te roken, voeg je de resterende 3 eetlepels pindaolie toe, dan de champignons, rode peper, bamboescheuten en taugé. Roerbak 2 minuten.

Roer de saus door, voeg deze toe aan de wok en blijf roeren tot het mengsel begint te koken, ongeveer 30 seconden.

Meng de opgeloste maizena en voeg het toe aan de wok. Blijf roeren tot de saus dikker wordt, ongeveer 1 minuut. Voeg de noedels toe en roer tot ze warm zijn, ongeveer 2 minuten.

Doe het op een serveerschaal en bestrooi het met de gesneden bosui. Serveer direct

7. Bonenwrongel met bonensaus en noedels

- 226 gram verse Peking-stijl noedels
- 1 blok stevige tofu van 340 gram
- 3 grote stengels paksoi EN 2 bosuitjes
- ⅓ kopje donkere sojasaus
- 2 eetlepels zwarte bonensaus
- 2 theelepels Chinese rijstwijn of droge sherry
- 2 theelepels zwarte rijstazijn
- ¼ theelepel zout
- ¼ theelepel chilipeperpasta met knoflook
- 1 theelepel hete chili-olie (pagina 23)
- ¼ theelepel sesamolie

- ½ kopje water
- 2 eetlepels olie om te roerbakken
- 2 plakjes gember, fijngehakt
- 2 teentjes knoflook, fijngehakt
- ¼ rode ui, fijngehakt

Kook de noedels in kokend water tot ze zacht zijn. Giet ze goed af. Laat de tofu uitlekken en snijd ze in blokjes. Kook de paksoi kort in kokend water en giet ze goed af. Scheid de stengels en bladeren. Snijd de bosuitjes diagonaal in plakjes van 2,5 cm. Meng de donkere sojasaus, zwarte bonensaus, Konjac rijstwijn, zwarte rijstazijn, zout, chilipasta met knoflook, hete chiliolie, sesamolie en water. Zet apart.

Voeg olie toe aan een voorverwarmde wok of koekenpan. Wanneer de olie heet is, voeg je de gember, knoflook en groene uien toe. Roerbak kort tot ze aromatisch zijn. Voeg de rode ui toe en roerbak kort. Duw naar de zijkanten en voeg de paksoi-stengels toe. Voeg de bladeren toe en roerbak tot de paksoi heldergroen is en de ui zacht. Breng indien gewenst op smaak met ¼ theelepel zout

Voeg de saus toe in het midden van de wok en breng aan de kook. Voeg de tofu toe. Laat een paar minuten sudderen zodat de tofu de saus kan opnemen. Voeg de noedels toe. Meng alles goed door elkaar en serveer warm.

8. Tofu gevuld met garnalen

- ½ pond stevige tofu
- 2 ons gekookte garnalen, gepeld en ontdaan van de darm
- ⅛ theelepel zout
- Peper naar smaak
- ¼ theelepel maizena
- ½ kopje kippenbouillon
- ½ theelepel Chinese rijstwijn of droge sherry
- ¼ kopje water
- 2 eetlepels oestersaus
- 2 eetlepels olie om te roerbakken
- 1 groene ui, in stukken van 2,5 cm gesneden

  Laat de tofu uitlekken. Was de garnalen en dep ze droog met keukenpapier. Marineer de garnalen in het zout, peper en maizena gedurende 15 minuten.

Houd het hakmes parallel aan de snijplank en snijd de tofu in de lengte doormidden. Snijd elke helft in 2 driehoeken, en snijd elke driehoek vervolgens in nog eens 2 driehoeken. Je zou nu 8 driehoeken moeten hebben.

Snijd een gleuf in de lengte aan één kant van de tofu. Stop ¼–½ theelepel garnalen in de gleuf.

Voeg olie toe aan een voorverwarmde wok of koekenpan. Wanneer de olie heet is, voeg je de tofu toe. Bruin de tofu ongeveer 3-4 minuten, draai hem minstens één keer om en zorg ervoor dat hij niet aan de bodem van de wok blijft plakken. Als je garnalen over hebt, voeg je die toe tijdens de laatste minuut van het koken.

Voeg de kippenbouillon, Konjac rijstwijn, water en oestersaus toe aan het midden van de wok. Breng aan de kook. Zet het vuur laag, doe het deksel op de pan en laat 5-6 minuten sudderen. Roer de groene ui erdoor. Serveer warm.

9. Bonenwrongel met Sichuan-groenten

- 7 ons (2 blokken) geperste bonenwrongel
- ¼ kopje geconserveerde Sichuan-groenten
- ½ kopje kippenbouillon of bouillon
- 1 theelepel Chinese rijstwijn of droge sherry
- ½ theelepel sojasaus
- 4–5 kopjes olie om te frituren

   Verhit minstens 4 kopjes olie in een voorverwarmde wok tot 350°F. Terwijl u wacht tot de olie opwarmt, snijdt u de geperste tofu in blokjes van 1 inch. Snijd de Sichuan-groente in blokjes. Meng de kippenbouillon en rijstwijn en zet apart.

   Wanneer de olie heet is, voeg je de blokjes tofu toe en frituur je ze tot ze lichtbruin zijn. Haal ze met een schuimspaan uit de wok en zet ze apart.

Verwijder alle olie behalve 2 eetlepels uit de wok. Voeg de geconserveerde Sichuan-groente toe. Roerbak 1-2 minuten en schuif dan naar de zijkant van de wok. Voeg het kippenbouillonmengsel in het midden van de wok toe en breng aan de kook. Meng de sojasaus erdoor. Voeg de geperste tofu toe. Meng alles door elkaar, laat een paar minuten sudderen en serveer warm.

10. Gestoofde tofu met drie groenten

- 4 gedroogde paddenstoelen
- ¼ kopje gereserveerde paddenstoelenweekvloeistof
- ⅔ kopje verse champignons
- ½ kopje kippenbouillon
- 1½ eetlepel oestersaus
- 1 theelepel Chinese rijstwijn of droge sherry
- 2 eetlepels olie om te roerbakken
- 1 teentje knoflook, fijngehakt
- 1 kopje babyworteltjes, gehalveerd
- 2 theelepels maizena gemengd met 4 theelepels water

- ¾ pond geperste tofu, in blokjes van ½ inch gesneden

Week de gedroogde paddenstoelen minimaal 20 minuten in heet water. Bewaar ¼ kopje van het weekvocht. Snijd de gedroogde en verse paddenstoelen in plakjes.

Meng de bewaarde paddenstoelenvloeistof, kippenbouillon, oestersaus en Konjac rijstwijn. Zet apart.

Voeg olie toe aan een voorverwarmde wok of koekenpan. Wanneer de olie heet is, voeg je de knoflook toe en roerbak je kort tot het aromatisch is. Voeg de wortels toe. Roerbak 1 minuut, voeg dan de champignons toe en roerbak.

Voeg de saus toe en breng aan de kook. Roer het mengsel van maizena en water door en voeg het toe aan de saus, roer snel om het dikker te maken.

Voeg de tofublokjes toe. Meng alles door elkaar, zet het vuur laag en laat 5-6 minuten sudderen. Serveer warm.

11. Met varkensvlees gevulde tofu driehoekjes

- ½ pond stevige tofu
- ¼ pond gemalen varkensvlees
- ⅛ theelepel zout
- Peper naar smaak
- ½ theelepel Chinese rijstwijn of droge sherry
- ½ kopje kippenbouillon
- ¼ kopje water

- 2 eetlepels oestersaus
- 2 eetlepels olie om te roerbakken
- 1 groene ui, in stukken van 2,5 cm gesneden

Laat de tofu uitlekken. Doe het gehakt in een middelgrote kom. Voeg zout, peper en Konjac rijstwijn toe. Marineer het varkensvlees 15 minuten.

Houd het hakmes parallel aan de snijplank en snijd de tofu in de lengte doormidden. Snijd elke helft in 2 driehoeken, en snijd elke driehoek vervolgens in nog eens 2 driehoeken. Je zou nu 8 driehoeken moeten hebben.

Snijd een gleuf in de lengte langs een van de randen van elke tofu-driehoek. Stop een volle ¼ theelepel van het gemalen varkensvlees in de gleuf.

Voeg olie toe aan een voorverwarmde wok of koekenpan. Wanneer de olie heet is, voeg je de tofu toe. Als je nog wat gehakt over hebt, voeg je dat ook toe. Bruin de tofu ongeveer 3-4 minuten, draai hem minstens één keer om en zorg ervoor dat hij niet aan de bodem van de wok blijft plakken.

Voeg de kippenbouillon, het water en de oestersaus toe aan het midden van de wok. Breng aan de kook. Zet het vuur laag, doe het deksel op de pan en laat 5-6 minuten sudderen. Roer de bosui erdoor. Serveer warm.

12. Cranberrypannenkoekjes met siroop

Voor 4 tot 6 porties

1 kopje kokend water
$^1/_2$ kopje gezoete gedroogde veenbessen
$^1/_2$ kopje ahornsiroop
$^1/_4$ kopje vers sinaasappelsap
$^1/_4$ kopje gehakte sinaasappel
1 eetlepel veganistische margarine
1 $^1/_2$ kopjes bloem voor alle doeleinden
1 eetlepel suiker

1 eetlepel bakpoeder
$1/2$ theelepel zout
1 $1/2$ kopjes sojamelk
$1/4$ kopje zachte zijden tofu, uitgelekt
1 eetlepel koolzaadolie of druivenpitolie, plus extra om te frituren

Giet het kokende water over de cranberries in een hittebestendige kom en laat ze ongeveer 10 minuten zacht worden. Laat ze goed uitlekken en zet ze opzij. Meng in een kleine steelpan de ahornsiroop, sinaasappelsap, sinaasappel en margarine en verwarm op laag vuur, roer tot de margarine smelt. Houd warm.
Verwarm de oven voor op 225°F.
Meng in een grote kom de bloem, suiker, bakpoeder en zout en zet dit opzij.

Doe de sojamelk, tofu en olie in een keukenmachine of blender en meng tot het goed gemengd is.

Giet de natte ingrediënten bij de gedroogde ingrediënten en meng met een paar snelle bewegingen. Vouw de zachte cranberries erdoor.

Verhit een dun laagje olie op een bakplaat of grote koekenpan op middelhoog vuur. Schep $1/4$ kopje tot $1/3$ kopje

van het beslag op de hete bakplaat. Bak tot er kleine belletjes op de bovenkant verschijnen, 2 tot 3 minuten. Draai de pannenkoek om en bak tot de tweede kant bruin is, ongeveer 2 minuten langer. Doe de gebakken pannenkoeken op een hittebestendige schaal en houd ze warm in de oven terwijl u de rest bakt. Serveer met sinaasappel-ahornsiroop.

13. Soja-geglazuurde tofu

Voor 4 porties

- 1 pond extra stevige tofu, uitgelekt, in plakjes van $1/2$ inch gesneden en geperst
- $1/4$ kopje geroosterde sesamolie
- $1/4$ kopje rijstazijn
- 2 theelepels suiker

Dep de tofu droog, leg hem in een ovenschaal van 23 x 33 cm en zet hem opzij.

Meng in een kleine steelpan de sojasaus, olie, azijn en suiker en breng aan de kook. Giet de hete marinade over de tofu en laat 30 minuten marineren, draai één keer om.

Verwarm de oven voor op 350°F. Bak de tofu 30 minuten en draai hem halverwege om. Serveer direct of laat hem afkoelen tot kamertemperatuur, dek hem af en bewaar hem in de koelkast tot hij nodig is.

14. Tofu in Cajun-stijl

Voor 4 porties

- 1 pond extra stevige tofu, uitgelekt en drooggedept
- Zout
- 1 eetlepel plus 1 theelepel Cajun-kruiden
- 2 eetlepels olijfolie
- $1/4$ kopje fijngehakte groene paprika
- 1 eetlepel fijngehakte selderij
- 2 eetlepels fijngehakte groene ui

- 2 teentjes knoflook, fijngehakt
- 1 blik (412 gram) tomatenblokjes, uitgelekt
- 1 eetlepel sojasaus
- 1 eetlepel fijngehakte verse peterselie

Snijd de tofu in $1/2$-inch dikke plakken en bestrooi beide kanten met zout en de 1 eetlepel Cajun kruiden. Zet apart.

Verhit in een kleine pan 1 eetlepel olie op middelhoog vuur. Voeg de paprika en selderij toe. Dek af en kook 5 minuten. Voeg de groene ui en knoflook toe en kook, zonder deksel, nog 1 minuut. Roer de tomaten, sojasaus, peterselie, de resterende 1 theelepel Cajun-kruidenmix en zout naar smaak erdoor. Laat 10 minuten sudderen om de smaken te mengen en zet apart.

Verhit de resterende 1 eetlepel olie in een grote koekenpan op middelhoog vuur. Voeg de tofu toe en bak tot deze aan beide kanten bruin is, ongeveer 10 minuten. Voeg de saus toe en laat 5 minuten sudderen. Serveer direct.

15. Knapperige tofu met pittige kappertjessaus

Voor 4 porties

- 1 pond extra stevige tofu, uitgelekt, in plakjes van $^1/_4$ inch gesneden en geperst
- Zout en versgemalen zwarte peper
- 2 eetlepels olijfolie, plus meer indien nodig
- 1 middelgrote sjalot, fijngehakt
- 2 eetlepels kappertjes
- 3 eetlepels fijngehakte verse peterselie
- 2 eetlepels veganistische margarine
- Sap van 1 citroen

Verwarm de oven voor op 275°F. Dep de tofu droog en breng op smaak met zout en peper. Doe de maizena in een ondiepe kom. Haal de tofu door de maizena en bedek alle kanten.

Verhit 2 eetlepels olie in een grote koekenpan op middelhoog vuur. Voeg de tofu toe, indien nodig in porties, en bak tot hij aan beide kanten goudbruin is, ongeveer 4 minuten per kant. Doe de gefrituurde tofu op een hittebestendige schaal en houd hem warm in de oven.

Verhit in dezelfde pan de resterende 1 eetlepel olie op middelhoog vuur. Voeg de sjalot toe en bak tot deze zacht is, ongeveer 3 minuten. Voeg de kappertjes en peterselie toe en bak 30 seconden, roer dan de margarine, citroensap en zout en peper naar smaak erdoor, roer tot de margarine smelt en de margarine is opgenomen. Garneer de tofu met kappertjessaus en serveer direct.

16. Gebakken tofu met gouden jus

Voor 4 porties

- 1 pond extra stevige tofu, uitgelekt, in plakjes van $^1/_2$ inch gesneden en geperst
- Zout en versgemalen zwarte peper
- $^1/_3$ kopje maizena
- 2 eetlepels olijfolie
- 1 middelgrote zoete gele ui, fijngehakt
- 2 eetlepels bloem voor alle doeleinden
- 1 theelepel gedroogde tijm
- $^1/_8$ theelepel kurkuma
- 1 kopje groentebouillon, zelfgemaakt (zie Lichte groentebouillon) of in de winkel gekocht
- 1 eetlepel sojasaus

- 1 kopje gekookte of ingeblikte kikkererwten, uitgelekt en afgespoeld
- 2 eetlepels fijngehakte verse peterselie, voor garnering

Dep de tofu droog en breng op smaak met zout en peper. Doe de maïzena in een ondiepe kom. Haal de tofu door de maïzena, zodat alle kanten bedekt zijn. Verwarm de oven voor op 250°F.

Verhit 2 eetlepels olie in een grote koekenpan op middelhoog vuur. Voeg de tofu toe, indien nodig in porties, en bak tot hij aan beide kanten goudbruin is, ongeveer 10 minuten. Doe de gefrituurde tofu op een hittebestendige schaal en houd hem warm in de oven.

Verhit in dezelfde pan de resterende 1 eetlepel olie op middelhoog vuur. Voeg de ui toe, doe het deksel erop en bak tot hij zacht is, 5 minuten. Haal het deksel eraf en zet het vuur laag. Roer de bloem, tijm en kurkuma erdoor en bak 1 minuut, onder voortdurend roeren. Klop langzaam de bouillon erdoor, en vervolgens de sojamelk en sojasaus. Voeg de kikkererwten toe en breng op smaak met zout en peper. Blijf koken, roer regelmatig, gedurende 2 minuten. Doe het mengsel in een blender en mix tot het glad en romig is. Doe het terug in de pan en verwarm tot het heet is, voeg een beetje meer bouillon toe als de saus te dik is. Schep de saus over de tofu en bestrooi met de peterselie. Serveer direct.

17. Oranje-geglazuurde tofu en asperges

Voor 4 porties

- 2 eetlepels mirin
- 1 eetlepel maizena
- 1 (473 gram) pak extra stevige tofu, uitgelekt en in reepjes van $1/4$ inch gesneden
- 2 eetlepels sojasaus
- 1 theelepel geroosterde sesamolie
- 1 theelepel suiker
- $1/4$ theelepel Aziatische chilipasta
- 2 eetlepels koolzaadolie of druivenpitolie
- 1 teentje knoflook, fijngehakt
- $1/2$ theelepel fijngehakte verse gember
- 140 gram dunne asperges, harde uiteinden verwijderd en in stukken van $2{,}5$ cm gesneden

Meng in een ondiepe kom de mirin en maizena en meng goed. Voeg de tofu toe en hussel voorzichtig om te coaten. Zet apart om 30 minuten te marineren.

Meng in een kleine kom het sinaasappelsap, sojasaus, sesamolie, suiker en chilipasta. Zet apart.

Verhit de canola-olie in een grote koekenpan of wok op middelhoog vuur. Voeg de knoflook en gember toe en roerbak tot ze geurig zijn, ongeveer 30 seconden. Voeg de gemarineerde tofu en de asperges toe en roerbak tot de tofu goudbruin is en de asperges net gaar zijn, ongeveer 5 minuten. Roer de saus erdoor en kook nog ongeveer 2 minuten. Serveer direct.

18. Tofu-pizzaiola

Voor 4 porties

- 2 eetlepels olijfolie
- 1 (473 gram) pak extra stevige tofu, uitgelekt, in plakjes van $^1/_2$ inch gesneden en geperst (zie Lichte groentebouillon)
- Zout
- 3 teentjes knoflook, fijngehakt
- 1 blik (412 gram) tomatenblokjes, uitgelekt
- $^1/_4$ kopje in olie verpakte zongedroogde tomaten, in $^1/_4$ -inch reepjes gesneden
- 1 eetlepel kappertjes
- 1 theelepel gedroogde oregano
- $^1/_2$ theelepel suiker

- Versgemalen zwarte peper
- 2 eetlepels fijngehakte verse peterselie, voor garnering

Verwarm de oven voor op 275°F. Verhit in een grote koekenpan 1 eetlepel olie op middelhoog vuur. Voeg de tofu toe en bak tot deze aan beide kanten goudbruin is, draai hem eenmaal om, ongeveer 5 minuten per kant. Bestrooi de tofu met zout naar smaak. Doe de gefrituurde tofu op een hittebestendige schaal en houd hem warm in de oven.

Verhit in dezelfde pan de resterende 1 eetlepel olie op middelhoog vuur. Voeg de knoflook toe en bak tot hij zacht is, ongeveer 1 minuut. Laat niet bruin worden. Roer de tomatenblokjes, zongedroogde tomaten, olijven en kappertjes erdoor. Voeg de oregano, suiker en zout en peper naar smaak toe. Laat sudderen tot de saus heet is en de smaken goed gemengd zijn, ongeveer 10 minuten. Bedek de gefrituurde tofuplakjes met de saus en bestrooi met de peterselie. Serveer direct.

19. "Ka-Pow"-tofu

Voor 4 porties

- 1 pond extra stevige tofu, uitgelekt, drooggedept en in blokjes van 2,5 cm gesneden
- Zout
- 2 eetlepels maizena
- 2 eetlepels sojasaus
- 1 eetlepel vegetarische oestersaus

- 2 theelepels Nothin' Fishy Nam Pla of 1 theelepel rijstazijn
- 1 theelepel lichtbruine suiker
- $1/2$ theelepel gemalen rode peper
- 2 eetlepels koolzaadolie of druivenpitolie
- 1 middelgrote zoete gele ui, gehalveerd en in plakjes van $1/2$ inch gesneden
- middelgrote rode paprika, in plakjes van $1/4$ inch gesneden
- groene uien, gehakt
- $1/2$ kopje Thaise basilicumblaadjes

Meng in een middelgrote kom de tofu, zout naar smaak en maizena. Meng tot alles bedekt is en zet opzij.

Meng in een kleine kom de sojasaus, oestersaus, nam pla, suiker en gemalen rode peper. Roer goed tot het gemengd is en zet opzij.

Verhit in een grote koekenpan 1 eetlepel olie op middelhoog vuur. Voeg de tofu toe en bak tot hij goudbruin is, ongeveer 8 minuten. Haal hem uit de koekenpan en zet hem apart.

Verhit in dezelfde koekenpan de resterende 1 eetlepel olie op middelhoog vuur. Voeg de ui en paprika toe en roerbak tot ze zacht zijn, ongeveer 5 minuten. Voeg de bosui toe en bak nog 1 minuut. Roer de gebakken tofu, de saus en de basilicum erdoor en roerbak tot ze heet zijn, ongeveer 3 minuten. Serveer direct.

20. Tofu op Siciliaanse wijze

Voor 4 porties

- 2 eetlepels olijfolie
- 1 pond extra stevige tofu, uitgelekt, in plakjes van $^1/_4$ inch gesneden en geperst Zout en versgemalen zwarte peper
- 1 kleine gele ui, fijngesneden
- 2 teentjes knoflook, fijngehakt
- 1 blik (28-ounce) tomatenblokjes, uitgelekt
- $^1/_4$ kopje droge witte wijn
- $^1/_4$ theelepel gemalen rode peper
- $^1/_3$ kopje ontpitte Kalamata-olijven
- 1 $^1/_2$ eetlepels kappertjes

- 2 eetlepels gehakte verse basilicum of 1 theelepel gedroogd (optioneel)

Verwarm de oven voor op 250°F. Verhit 1 eetlepel olie in een grote koekenpan op middelhoog vuur. Voeg de tofu toe, indien nodig in porties, en bak tot hij aan beide kanten goudbruin is, 5 minuten per kant. Breng op smaak met zout en zwarte peper. Doe de gekookte tofu op een hittebestendige schaal en houd hem warm in de oven terwijl je de saus bereidt.

Verhit in dezelfde pan de resterende 1 eetlepel olie op middelhoog vuur. Voeg de ui en knoflook toe, doe het deksel erop en kook tot de ui zacht is, 10 minuten. Voeg de tomaten, wijn en gemalen rode peper toe. Breng aan de kook, zet het vuur laag en laat het 15 minuten onafgedekt sudderen. Roer de olijven en kappertjes erdoor. Kook nog 2 minuten.

Schik de tofu op een schaal of individuele borden. Schep de saus erover. Bestrooi met verse basilicum, indien gebruikt. Serveer direct.

21. Thaise Phoon roerbak

Voor 4 porties

- 1 pond extra stevige tofu, uitgelekt en drooggedept
- 2 eetlepels koolzaadolie of druivenpitolie
- middelgrote sjalotten, in de lengte gehalveerd en in plakjes van $1/8$ inch gesneden
- 2 teentjes knoflook, fijngehakt
- 2 theelepels geraspte verse gember
- 85 gram witte champignonhoedjes, lichtjes afgespoeld, drooggedept en in plakjes van $1/2$ inch gesneden
- 1 eetlepel romige pindakaas
- 2 theelepels lichtbruine suiker
- 1 theelepel Aziatische chilipasta
- 2 eetlepels sojasaus

- 1 eetlepel mirin
- 1 blikje (390 ml) ongezoete kokosmelk
- 170 gram gehakte verse spinazie
- 1 eetlepel geroosterde sesamolie
- Vers gekookte rijst of noedels, om te serveren
- 2 eetlepels fijngehakte verse Thaise basilicum of koriander
- 2 eetlepels gemalen ongezouten geroosterde pinda's
- 2 theelepels fijngehakte gekristalliseerde gember (optioneel)

Snijd de tofu in blokjes van $1/2$ inch en zet apart. Verhit in een grote koekenpan 1 eetlepel olie over medium-hoge hitte. Voeg de tofu toe en roerbak tot goudbruin, ongeveer 7 minuten. Haal de tofu uit de pan en zet apart.

Verhit in dezelfde koekenpan de resterende 1 eetlepel olie op middelhoog vuur. Voeg sjalotten, knoflook, gember en champignons toe en roerbak tot ze zacht zijn, ongeveer 4 minuten.

Roer de pindakaas, suiker, chilipeperpasta, sojasaus en mirin erdoor. Roer de kokosmelk erdoor en meng tot het goed gemengd is. Voeg de gebakken tofu en de spinazie toe en breng aan de kook. Zet het vuur laag tot medium-laag en laat sudderen, af en toe roerend, tot de spinazie geslonken is en de smaken goed gemengd zijn, 5 tot 7 minuten. Roer de sesamolie erdoor en laat nog een minuut sudderen. Om te serveren, schep je het tofumengsel op je keuze van rijst of noedels en bedek je het met kokos, basilicum, pinda's en gekristalliseerde gember, indien gebruikt. Serveer direct.

22. Chipotle-geschilderde gebakken tofu

Voor 4 porties

- 2 eetlepels sojasaus
- 2 blikjes chipotle-pepers in adobo
- 1 eetlepel olijfolie
- 450 gram extra stevige tofu, uitgelekt, in $^1/_2$-inch dikke plakken gesneden en geperst (zie Lichte groentebouillon)

Verwarm de oven voor op 190°C. Vet een bakvorm van 23 x 33 cm licht in met olie en zet deze opzij.

Doe de sojasaus, chipotles en olie in een keukenmachine en mix tot het gemengd is. Schraap het chipotlemengsel in een kleine kom.

Bestrijk beide kanten van de tofuplakjes met het chipotlemengsel en leg ze in een enkele laag in de voorbereide pan. Bak tot ze heet zijn, ongeveer 20 minuten. Serveer direct.

23. Gegrilde tofu met tamarindeglazuur

Voor 4 porties

- 1 pond extra stevige tofu, uitgelekt en drooggedept
- Zout en versgemalen zwarte peper
- 2 eetlepels olijfolie
- 2 middelgrote sjalotten, fijngehakt
- 2 teentjes knoflook, fijngehakt
- 2 rijpe tomaten, grof gehakt
- 2 eetlepels ketchup
- $1/4$ kopje water
- 2 eetlepels Dijonmosterd
- 1 eetlepel donkerbruine suiker
- 2 eetlepels agave nectar
- 2 eetlepels tamarindeconcentraat
- 1 eetlepel donkere melasse
- $1/2$ theelepel gemalen cayennepeper

- 1 eetlepel gerookte paprika
- 1 eetlepel sojasaus

Snijd de tofu in plakjes van 2,5 cm, bestrooi met zout en peper naar smaak en leg ze in een ondiepe ovenschaal.

Verhit de olie in een grote pan op middelhoog vuur. Voeg de sjalotten en knoflook toe en bak 2 minuten. Voeg alle overige ingrediënten toe, behalve de tofu. Zet het vuur laag en laat 15 minuten sudderen. Doe het mengsel in een blender of keukenmachine en mix tot het glad is. Doe het terug in de pan en kook nog 15 minuten, zet het dan apart om af te koelen. Giet de saus over de tofu en zet het minstens 2 uur in de koelkast. Verwarm een grill of grill voor.

Grill de gemarineerde tofu, draai hem een keer om, zodat hij door en door warm wordt en aan beide kanten mooi bruin wordt. Terwijl de tofu grilt, verwarm je de marinade in een pannetje. Haal de tofu van de grill, bestrijk elke kant met de tamarindesaus en serveer direct.

24. Tofu gevuld met waterkers

Voor 4 porties

- 450 gram extra stevige tofu, uitgelekt, in plakjes van 2 cm gesneden en geperst (zie Lichte groentebouillon)
- Zout en versgemalen zwarte peper
- 1 klein bosje waterkers, harde stelen verwijderd en fijngehakt
- 2 rijpe pruimtomaten, in stukjes gesneden
- $1/2$ kopje fijngehakte groene uien
- 2 eetlepels fijngehakte verse peterselie
- 2 eetlepels fijngehakte verse basilicum
- 1 theelepel gehakte knoflook
- 2 eetlepels olijfolie
- 1 eetlepel balsamicoazijn
- Snufje suiker
- $1/2$ kopje bloem voor alle doeleinden

- $1/2$ kopje water
- 1 $1/2$ kopjes droog, ongekruid broodkruim

Snijd een lange diepe holte in de zijkant van elke plak tofu en leg de tofu op een bakplaat. Breng op smaak met zout en peper en zet opzij.

Meng in een grote kom de waterkers, tomaten, groene uien, peterselie, basilicum, knoflook, 2 eetlepels olie, azijn, suiker en zout en peper naar smaak. Meng tot alles goed gemengd is en stop het mengsel voorzichtig in de tofuzakjes.

Doe de bloem in een ondiepe kom. Giet het water in een aparte ondiepe kom. Doe de broodkruimels op een groot bord. Haal de tofu door de bloem, doop hem voorzichtig in het water en haal hem dan door de broodkruimels, zodat hij helemaal bedekt is.

Verhit de resterende 2 eetlepels olie in een grote koekenpan op middelhoog vuur. Voeg de gevulde tofu toe aan de koekenpan en bak tot ze goudbruin zijn, draai ze een keer om, 4 tot 5 minuten per kant. Serveer direct.

25. Tofu met pistache-granaatappel

Voor 4 porties

- 450 gram extra stevige tofu, uitgelekt, in plakjes van $1/4$ inch gesneden en geperst (zie Lichte groentebouillon)
- Zout en versgemalen zwarte peper
- 2 eetlepels olijfolie
- $1/2$ kopje granaatappelsap
- 1 eetlepel balsamicoazijn
- 1 eetlepel lichtbruine suiker
- 2 bosuitjes, fijngehakt
- $1/2$ kopje ongezouten gepelde pistachenoten, grof gehakt

- Breng de tofu op smaak met zout en peper.

Verhit de olie in een grote koekenpan op middelhoog vuur. Voeg de tofuplakjes toe, indien nodig in porties, en bak tot ze lichtbruin zijn, ongeveer 4 minuten per kant. Haal ze uit de koekenpan en zet ze apart.

Voeg in dezelfde pan het granaatappelsap, azijn, suiker en groene uien toe en laat 5 minuten op middelhoog vuur sudderen. Voeg de helft van de pistachenoten toe en kook tot de saus iets dikker is geworden, ongeveer 5 minuten.

Doe de gefrituurde tofu terug in de pan en kook tot hij heet is, ongeveer 5 minuten, terwijl je de saus over de tofu lepelt terwijl deze suddert. Serveer direct, bestrooid met de resterende pistachenoten.

26. Kruiden Eiland Tofu

Voor 4 porties

- $1/2$ kopje maizena
- $1/2$ theelepel fijngehakte verse tijm of $1/4$ theelepel gedroogde
- $1/2$ theelepel fijngehakte verse marjolein of $1/4$ theelepel gedroogd
- $1/2$ theelepel zout
- $1/4$ theelepel gemalen cayennepeper
- $1/4$ theelepel zoete of gerookte paprika
- $1/4$ theelepel lichtbruine suiker
- $1/8$ theelepel gemalen piment
- 1 pond extra stevige tofu, uitgelekt en in $1/2$-inch reepjes gesneden
- 2 eetlepels koolzaadolie of druivenpitolie
- 1 middelgrote rode paprika, in reepjes van $1/4$ inch gesneden
- 2 groene uien, fijngesneden
- 1 teentje knoflook, fijngehakt
- 1 jalapeño, zaadjes verwijderd en fijngehakt

- 2 rijpe pruimtomaten, ontpit en in stukjes gesneden
- 1 kopje gehakte verse of ingeblikte ananas
- 2 eetlepels sojasaus
- $1/4$ kopje water
- 2 theelepels vers limoensap
- 1 eetlepel fijngehakte verse peterselie, ter garnering

Meng in een ondiepe kom de maizena, tijm, marjolein, zout, cayennepeper, paprika, suiker en piment. Meng goed. Haal de tofu door het kruidenmengsel en bedek alle kanten. Verwarm de oven voor op 250°F.

Verhit 2 eetlepels olie in een grote koekenpan op middelhoog vuur. Voeg de gedregde tofu toe, indien nodig in porties en bak tot goudbruin, ongeveer 4 minuten per kant. Doe de gefrituurde tofu op een hittebestendige schaal en houd warm in de oven.

Verhit in dezelfde pan de resterende 1 eetlepel olie op middelhoog vuur. Voeg de paprika, groene uien, knoflook en jalapeño toe. Dek af en kook, af en toe roerend, tot het zacht is, ongeveer 10 minuten. Voeg de tomaten, ananas, sojasaus, water en limoensap toe en laat sudderen tot het mengsel heet is en de smaken zijn gecombineerd, ongeveer 5 minuten. Schep het groentemengsel over r de gefrituurde tofu. Bestrooi met gehakte peterselie en serveer direct.

27. Gembertofu met citrus-hoisinsaus

Voor 4 porties

- 1 pond extra stevige tofu, uitgelekt, drooggedept en in blokjes van $^1/_2$ inch gesneden
- 2 eetlepels sojasaus
- 2 eetlepels plus 1 theelepel maizena
- 1 eetlepel plus 1 theelepel koolzaadolie of druivenpitolie
- 1 theelepel geroosterde sesamolie
- 2 theelepels geraspte verse gember
- groene uien, fijngehakt
- $^1/_3$ kopje hoisinsaus
- $^1/_2$ kopje groentebouillon, zelfgemaakt (zie Lichte groentebouillon) of in de winkel gekocht
- $^1/_4$ kopje vers sinaasappelsap
- 1 $^1/_2$ eetlepels vers limoensap
- 1 $^1/_2$ eetlepels vers citroensap
- Zout en versgemalen zwarte peper

Doe de tofu in een ondiepe kom. Voeg de sojasaus toe en meng tot het geheel bedekt is, bestrooi met 2 eetlepels maizena en meng tot het geheel bedekt is.

Verhit in een grote koekenpan 1 eetlepel canola-olie op middelhoog vuur. Voeg de tofu toe en bak tot goudbruin, af en toe omdraaiend, ongeveer 10 minuten. Haal de tofu uit de pan en zet apart.

Verhit in dezelfde pan de resterende 1 theelepel canola-olie en de sesamolie op middelhoog vuur. Voeg de gember en groene uien toe en bak tot ze geurig zijn, ongeveer 1 minuut. Roer de hoisinsaus, bouillon en sinaasappelsap erdoor en breng aan de kook. Kook tot de vloeistof iets is gereduceerd en de smaken de kans hebben om te mengen, ongeveer 3 minuten. Meng in een kleine kom de resterende 1 theelepel maizena met het limoensap en citroensap en voeg toe aan de saus, roer tot het iets dikker wordt. Breng op smaak met zout en peper naar smaak.

Doe de gefrituurde tofu terug in de pan en bak tot het bedekt is met de saus en helemaal warm is. Serveer direct.

28. Tofu met citroengras en sugarsnaps

Voor 4 porties

- 2 eetlepels koolzaadolie of druivenpitolie
- 1 middelgrote rode ui, gehalveerd en in dunne plakjes gesneden
- 2 teentjes knoflook, fijngehakt
- 1 theelepel geraspte verse gember
- 1 pond extra stevige tofu, uitgelekt en in blokjes van $1/2$ inch gesneden
- 2 eetlepels sojasaus
- 1 eetlepel mirin of sake
- 1 theelepel suiker

- $1/2$ theelepel gemalen rode peper
- 113 gram sugarsnaps, schoongemaakt
- 1 eetlepel fijngehakt citroengras of schil van 1 citroen
- 2 eetlepels grof gemalen ongezouten geroosterde pinda's, ter garnering

Verhit de olie in een grote koekenpan of wok op middelhoog vuur. Voeg de ui, knoflook en gember toe en roerbak 2 minuten. Voeg de tofu toe en bak tot deze goudbruin is, ongeveer 7 minuten.

Roer de sojasaus, mirin, suiker en gemalen rode peper erdoor. Voeg de sugarsnaps en citroengras toe en roerbak tot de sugarsnaps knapperig-mals zijn en de smaken goed gemengd zijn, ongeveer 3 minuten. Garneer met pinda's en serveer direct.

29. Dubbele sesamtofu met tahinsaus

Voor 4 porties

- $1/2$ kopje tahin (sesampasta)
- 2 eetlepels vers citroensap
- 2 eetlepels sojasaus
- 2 eetlepels water
- $1/4$ kopje witte sesamzaadjes
- $1/4$ kopje zwarte sesamzaadjes
- $1/2$ kopje maizena
- 450 gram extra stevige tofu, uitgelekt, drooggedept en in reepjes van $1/2$ inch gesneden
- Zout en versgemalen zwarte peper
- 2 eetlepels koolzaadolie of druivenpitolie

Meng in een kleine kom de tahini, citroensap, sojasaus en water en roer tot het goed gemengd is. Zet opzij.

Meng in een ondiepe kom de witte en zwarte sesamzaadjes en maizena en roer tot het gemengd is. Breng de tofu op smaak met zout en peper. Zet apart.

Verhit de olie in een grote koekenpan op middelhoog vuur. Haal de tofu door het sesamzaadmengsel tot het goed bedekt is, voeg het toe aan de hete koekenpan en bak het tot het bruin en knapperig is, draai het indien nodig om, 3 tot 4 minuten per kant. Pas op dat de zaden niet verbranden. Besprenkel met tahinsaus en serveer direct.

30. Tofu en Edamame stoofpot

Voor 4 porties

- 2 eetlepels olijfolie
- 1 middelgrote gele ui, fijngesneden
- $^1/_2$ kopje gehakte selderij
- 2 teentjes knoflook, fijngehakt
- 2 middelgrote Yukon Gold-aardappelen, geschild en in blokjes van $^1/_2$ inch gesneden
- 1 kopje gepelde verse of bevroren edamame
- 2 kopjes geschilde en in blokjes gesneden courgette
- $^1/_2$ kopje bevroren babyerwten
- 1 theelepel gedroogde bonenkruid
- $^1/_2$ theelepel verkruimelde gedroogde salie
- $^1/_8$ theelepel gemalen cayennepeper
- 1 $^1/_2$ kopjes groentebouillon, zelfgemaakt (zie Lichte groentebouillon) of kant-en-klaar Zout en versgemalen zwarte peper

- 1 pond extra stevige tofu, uitgelekt, drooggedept en in blokjes van $1/2$ inch gesneden
- 2 eetlepels fijngehakte verse peterselie

Verhit in een grote pan 1 eetlepel olie op middelhoog vuur. Voeg de ui, selderij en knoflook toe. Dek af en kook tot ze zacht zijn, ongeveer 10 minuten. Roer de aardappelen, edamame, courgette, erwten, bonenkruid, salie en cayennepeper erdoor. Voeg de bouillon toe en breng aan de kook. Zet het vuur laag en breng op smaak met zout en peper. Dek af en laat sudderen tot de groenten zacht zijn en de smaken gemengd zijn, ongeveer 40 minuten.

Verhit de resterende 1 eetlepel olie in een grote koekenpan op middelhoog vuur. Voeg de tofu toe en bak tot deze goudbruin is, ongeveer 7 minuten. Breng op smaak met zout en peper en zet opzij. Voeg ongeveer 10 minuten voordat de stoofpot klaar is met koken de gebakken tofu en peterselie toe. Proef, pas de kruiden indien nodig aan en serveer direct.

31. Soja-bruine droomkoteletten

Voor 6 porties

- 280 gram stevige tofu, uitgelekt en verkruimeld
- 2 eetlepels sojasaus
- $1/4$ theelepel zoete paprika
- $1/4$ theelepel uienpoeder
- $1/4$ theelepel knoflookpoeder
- $1/4$ theelepel versgemalen zwarte peper
- 1 kopje tarweglutenmeel (vitale tarwegluten)
- 2 eetlepels olijfolie

Doe de tofu, sojasaus, paprika, uienpoeder, knoflookpoeder, peper en bloem in een keukenmachine. Meng tot het goed gemengd is. Doe het mengsel op een plat werkoppervlak en vorm het tot een cilinder.
Verdeel het mengsel in 6 gelijke stukken en druk ze plat tot hele dunne schnitzels, niet dikker dan $1/4$ inch. (Om dit te doen, leg je elke schnitzel tussen twee stukken bakpapier, folie of bakpapier en rol je ze plat met een deegroller.)

Verhit de olie in een grote koekenpan op middelhoog vuur. Voeg de schnitzels toe, indien nodig in porties, dek af en bak tot ze aan beide kanten mooi bruin zijn, 5 tot 6 minuten per kant. De schnitzels zijn nu klaar om te gebruiken in recepten of direct te serveren, met een saus eroverheen.

32. Mijn soort gehaktbrood

Voor 4 tot 6 porties

- 2 eetlepels olijfolie
- ²/₃ kopje fijngehakte ui
- 2 teentjes knoflook, fijngehakt
- 1 pond extra stevige tofu, uitgelekt en drooggedept
- 2 eetlepels ketchup

- 2 eetlepels tahin (sesampasta) of romige pindakaas
- 2 eetlepels sojasaus
- $1/2$ kopje gemalen walnoten
- 1 kopje ouderwetse havermout
- 1 kopje tarweglutenmeel (vitale tarwegluten)
- 2 eetlepels fijngehakte verse peterselie
- $1/2$ theelepel zout
- $1/2$ theelepel zoete paprika
- $1/4$ theelepel versgemalen zwarte peper

Verwarm de oven voor op 375°F. Vet een 9-inch broodvorm licht in en zet opzij. Verhit in een grote koekenpan 1 eetlepel olie op middelhoog vuur. Voeg de ui en knoflook toe, dek af en bak tot ze zacht zijn, 5 minuten.

Doe de tofu, ketchup, tahin en sojasaus in een keukenmachine en mix tot een glad geheel. Voeg het achtergehouden uienmengsel en alle overige ingrediënten toe. Pulseer tot alles goed gemengd is, maar er nog wat textuur overblijft.

Schraap het mengsel in de voorbereide pan. Druk het mengsel stevig in de pan en strijk de bovenkant glad. Bak tot het stevig en goudbruin is, ongeveer 1 uur. Laat 10 minuten staan voordat u het aansnijdt.

33. Zeer vanille wentelteefjes

Voor 4 porties

1 (12-ounce) verpakking stevige zijden tofu, uitgelekt
1 $^1/_2$ kopjes sojamelk
2 eetlepels maizena
1 eetlepel koolzaadolie of druivenpitolie
2 theelepels suiker
1 $^1/_2$ theelepels puur vanille-extract
$^1/_4$ theelepel zout
4 sneetjes Italiaans brood van een dag oud
Canola- of druivenpitolie, om te frituren

Verwarm de oven voor op 225°F. Doe de tofu, sojamelk, maizena, olie, suiker, vanille en zout in een blender of keukenmachine en mix tot een glad geheel.

Giet het beslag in een ondiepe kom en doop het brood in het beslag. Draai het brood om, zodat beide kanten bedekt zijn.

Verhit een dun laagje olie op een bakplaat of grote koekenpan op middelhoog vuur. Leg de wentelteefjes op de hete bakplaat en bak ze tot ze goudbruin zijn aan beide kanten, draai ze een keer om, 3 tot 4 minuten per kant.

Leg de gebakken wentelteefjes op een hittebestendige schaal en houd ze warm in de oven terwijl u de rest bakt.

34. Sesam-Soja Ontbijt Spread

Voor ongeveer 1 kopje

$^1/_2$ kopje zachte tofu, uitgelekt en drooggedept
2 eetlepels tahin (sesampasta)
2 eetlepels voedingsgist
1 eetlepel vers citroensap
2 theelepels lijnzaadolie
1 theelepel geroosterde sesamolie
$^1/_2$ theelepel zout

Doe alle ingrediënten in een blender of keukenmachine en mix tot een glad geheel. Schraap het mengsel in een kleine kom, dek af en zet het een paar uur in de koelkast om de smaak te verdiepen. Als het goed wordt bewaard, is het tot 3 dagen houdbaar.

35. Radiatore met Aurora saus

Voor 4 porties

- 1 eetlepel olijfolie
- 3 teentjes knoflook, fijngehakt
- 3 bosuitjes, fijngehakt
- (28-ounce) blik geplette tomaten
- 1 theelepel gedroogde basilicum
- $1/2$ theelepel gedroogde marjolein
- 1 theelepel zout

- $1/4$ theelepel versgemalen zwarte peper
- $1/3$ kopje veganistische roomkaas of uitgelekte zachte tofu
- 1 pond radiatore of andere kleine, gevormde pasta
- 2 eetlepels fijngehakte verse peterselie, voor garnering

Verhit de olie in een grote pan op middelhoog vuur. Voeg de knoflook en groene uien toe en bak tot ze geurig zijn, 1 minuut. Roer de tomaten, basilicum, marjolein, zout en peper erdoor. Breng de saus aan de kook, zet het vuur laag en laat 15 minuten sudderen, af en toe roeren.

Meng de roomkaas in een keukenmachine tot een gladde massa. Voeg 2 kopjes tomatensaus toe en meng tot een gladde massa. Schraap het tofu-tomatenmengsel terug in de pan met de tomatensaus en roer tot het gemengd is. Proef en pas de kruiden indien nodig aan. Houd warm op laag vuur.

Kook de pasta in een grote pan met kokend gezouten water op middelhoog vuur, af en toe roerend, tot al dente, ongeveer 10 minuten. Giet goed af en doe in een grote serveerschaal. Voeg de saus toe en roer voorzichtig om te mengen. Bestrooi met peterselie en serveer direct.

36. Klassieke tofu lasagne

Voor 6 porties

- 12 ons lasagnevellen
- 1 pond stevige tofu, uitgelekt en verkruimeld
- 1 pond zachte tofu, uitgelekt en verkruimeld
- 2 eetlepels voedingsgist
- 1 theelepel vers citroensap
- 1 theelepel zout
- $1/4$ theelepel versgemalen zwarte peper

- 3 eetlepels fijngehakte verse peterselie
- $1/2$ kopje veganistische Parmezaanse kaas of Parmasio
- 4 kopjes marinara saus, zelfgemaakt (zie Marinara saus) of in de winkel gekocht

Kook de noedels in een pan met kokend gezouten water op middelhoog vuur, af en toe roerend tot ze net al dente zijn, ongeveer 7 minuten. Verwarm de oven voor op 350°F. Meng de stevige en zachte tofu in een grote kom. Voeg de voedingsgist, citroensap, zout, peper, peterselie en $1/4$ kopje Parmezaanse kaas. Meng tot alles goed gemengd is.

Schep een laag tomatensaus op de bodem van een 9 x 13-inch ovenschaal. Bedek met een laag gekookte noedels. Verdeel de helft van het tofumengsel gelijkmatig over de noedels. Herhaal met nog een laag noedels gevolgd door een laag saus. Verdeel het resterende tofumengsel over de saus en eindig met een laatste laag noedels en saus. Bestrooi met de resterende $1/4$ kop Parmezaanse kaas. Als er nog saus over is, bewaar deze dan en serveer deze warm in een kom naast de lasagne.

Dek af met folie en bak 45 minuten. Haal de deksel eraf en bak nog 10 minuten. Laat 10 minuten staan voor het serveren.

37. Lasagne met rode snijbiet en spinazie

Voor 6 porties

- 12 ons lasagnevellen
- 1 eetlepel olijfolie
- 2 teentjes knoflook, fijngehakt
- 225 gram verse rode snijbiet, harde stelen verwijderd en grof gehakt
- 250 gram verse babyspinazie, grof gehakt
- 1 pond stevige tofu, uitgelekt en verkruimeld
- 1 pond zachte tofu, uitgelekt en verkruimeld
- 2 eetlepels voedingsgist
- 1 theelepel vers citroensap
- 2 eetlepels fijngehakte verse bladpeterselie
- 1 theelepel zout
- $1/4$ theelepel versgemalen zwarte peper

- 3 $^1/_2$ kopjes marinara-saus, zelfgemaakt of in de winkel gekocht

Kook de noedels in een pan met kokend gezouten water op middelhoog vuur, af en toe roerend tot ze net al dente zijn, ongeveer 7 minuten. Verwarm de oven voor op 350°F.

Verhit de olie in een grote pan op middelhoog vuur. Voeg de knoflook toe en bak tot het geurig is. Voeg de snijbiet toe en bak, roerend, tot het geslonken is, ongeveer 5 minuten. Voeg de spinazie toe en blijf koken, roerend tot het geslonken is, ongeveer 5 minuten meer. Dek af en kook tot het zacht is, ongeveer 3 minuten. Haal het deksel eraf en zet het opzij om af te koelen. Wanneer het koud genoeg is om te hanteren, giet je het resterende vocht uit de groenten en druk je er met een grote lepel op om overtollig vocht eruit te persen. Doe de groenten in een grote kom. Voeg tofu, de voedingsgist, citroensap, peterselie, zout en peper toe. Meng tot het goed gemengd is.

Schep een laag tomatensaus op de bodem van een 9 x 13-inch ovenschaal. Bedek met een laag noedels. Verdeel de helft van het tofumengsel gelijkmatig over de noedels. Herhaal met nog een laag noedels en een laag saus. Verdeel het resterende tofumengsel over de saus en eindig met een laatste laag noedels, saus en bedek met de Parmezaanse kaas.

Dek af met folie en bak 45 minuten. Haal de deksel eraf en bak nog 10 minuten. Laat 10 minuten staan voor het serveren.

38. Geroosterde Groente Lasagne

Voor 6 porties

- 1 middelgrote courgette, in plakjes van $1/4$ inch gesneden
- 1 middelgrote aubergine, in plakjes van $1/4$ inch gesneden
- 1 middelgrote rode paprika, in blokjes gesneden
- 2 eetlepels olijfolie
- Zout en versgemalen zwarte peper
- 8 ons lasagnevellen

- 1 pond stevige tofu, uitgelekt, drooggedept en verkruimeld
- 1 pond zachte tofu, uitgelekt, drooggedept en verkruimeld
- 2 eetlepels voedingsgist
- 2 eetlepels fijngehakte verse bladpeterselie
- 3 $^1/_2$ kopjes marinara-saus, zelfgemaakt (zie Marinara-saus) of in de winkel gekocht

Verwarm de oven voor op 425°F. Verdeel de courgette, aubergine en paprika over een licht geoliede bakvorm van 9 x 13 inch. Besprenkel met de olie en breng op smaak met zout en zwarte peper. Rooster de groenten tot ze zacht en lichtbruin zijn, ongeveer 20 minuten. Haal uit de oven en laat afkoelen. Verlaag de oventemperatuur naar 350°F.

Kook de noedels in een pan met kokend gezouten water op middelhoog vuur, af en toe roerend tot ze net al dente zijn, ongeveer 7 minuten. Giet af en zet opzij. Meng in een grote kom de tofu met de voedingsgist, peterselie en zout en peper naar smaak. Meng goed.

Om te assembleren, smeer je een laag tomatensaus op de bodem van een 9 x 13-inch ovenschaal. Bedek de saus met een laag noedels. Bedek de noedels met de helft van de geroosterde groenten en verdeel dan de helft van het tofumengsel over de groenten. Herhaal met nog een laag noedels en bedek met meer saus. Herhaal het lagenproces met de resterende groenten en het tofumengsel, eindigend met een laag noedels en saus. Strooi Parmezaanse kaas eroverheen.

Dek af en bak 45 minuten. Haal de deksel eraf en bak nog eens 10 minuten. Haal uit de oven en laat 10 minuten staan voordat je het aansnijdt.

39. Lasagne met radicchio en champignons

Voor 6 porties

- 1 eetlepel olijfolie
- 2 teentjes knoflook, fijngehakt
- 1 kleine krop radicchio, geraspt
- 225 gram kastanjechampignons, licht afgespoeld, drooggedept en in dunne plakjes gesneden
- Zout en versgemalen zwarte peper
- 8 ons lasagnevellen
- 1 pond stevige tofu, uitgelekt, drooggedept en verkruimeld
- 1 pond zachte tofu, uitgelekt, drooggedept en verkruimeld

- 3 eetlepels voedingsgist
- 2 eetlepels fijngehakte verse peterselie
- 3 kopjes marinara saus, zelfgemaakt (zie Marinara saus) of in de winkel gekocht

Verhit de olie in een grote koekenpan op middelhoog vuur. Voeg de knoflook, radicchio en champignons toe. Dek af en kook, af en toe roerend, tot ze zacht zijn, ongeveer 10 minuten. Breng op smaak met zout en peper en zet apart

Kook de noedels in een pan met kokend gezouten water op middelhoog vuur, af en toe roerend, tot ze net al dente zijn, ongeveer 7 minuten. Giet af en zet opzij. Verwarm de oven voor op 350°F.

Meng in een grote kom de stevige en zachte tofu. Voeg de voedingsgist en peterselie toe en meng tot alles goed gemengd is. Meng het radicchio- en paddenstoelenmengsel erdoor en breng op smaak met zout en peper.

Schep een laag tomatensaus op de bodem van een 9 x 13-inch ovenschaal. Bedek met een laag noedels. Verdeel de helft van het tofumengsel gelijkmatig over de noedels. Herhaal met nog een laag noedels gevolgd door een laag saus. Verdeel het resterende tofumengsel erover en eindig met een laatste laag noedels en saus. Bestrooi de bovenkant met gemalen walnoten.

Dek af met folie en bak 45 minuten. Haal de deksel eraf en bak nog 10 minuten. Laat 10 minuten staan voor het serveren.

40. Lasagne Primavera

Voor 6 tot 8 porties

- 8 ons lasagnevellen
- 2 eetlepels olijfolie
- 1 kleine gele ui, fijngesneden
- 3 teentjes knoflook, fijngehakt
- 170 gram zijden tofu, uitgelekt
- 3 kopjes ongezoete sojamelk
- 3 eetlepels voedingsgist
- $1/8$ theelepel gemalen nootmuskaat
- Zout en versgemalen zwarte peper
- 2 kopjes gehakte broccoliroosjes
- 2 middelgrote wortelen, fijngehakt
- $1/4$ inch gesneden

- 1 middelgrote rode paprika, fijngehakt
- 2 pond stevige tofu, uitgelekt en drooggedept
- 2 eetlepels fijngehakte verse bladpeterselie
- $1/2$ kopje veganistische Parmezaanse kaas of Parmasio
- $1/2$ kopje gemalen amandelen of pijnboompitten

Verwarm de oven voor op 350°F. Kook de noedels in een pan met kokend gezouten water op middelhoog vuur, af en toe roerend tot ze net al dente zijn, ongeveer 7 minuten. Giet af en zet apart.

Verhit de olie in een kleine koekenpan op middelhoog vuur. Voeg de ui en knoflook toe, doe het deksel erop en bak tot ze zacht zijn, ongeveer 5 minuten. Doe het uienmengsel in een blender. Voeg de zijden tofu, sojamelk, voedingsgist, nootmuskaat, en zout en peper naar smaak. Meng tot een glad mengsel en zet opzij.

Stoom de broccoli, wortels, courgette en paprika tot ze zacht zijn. Haal van het vuur. Verkruimel de stevige tofu in een grote kom. Voeg de peterselie en $1/4$ kopje Parmezaanse kaas toe en breng op smaak met zout en peper naar smaak. Meng tot alles goed gemengd is. Roer de gestoomde groenten erdoor en meng goed, voeg indien nodig meer zout en peper toe.

Schep een laag witte saus op de bodem van een licht geoliede ovenschaal van 9 x 13 inch. Bedek met een laag noedels. Verdeel de helft van het tofu-groentemengsel gelijkmatig over de noedels. Herhaal dit met nog een laag noedels, gevolgd door een laag saus. Verdeel het resterende tofumengsel erover en eindig met een laatste laag noedels en saus, eindigend met de resterende $^1/_4$ kop Parmezaanse kaas. Dek af met aluminiumfolie en bak gedurende 45 minuten

41. Zwarte bonen-pompoenlasagne

Voor 6 tot 8 porties

- 12 lasagnevellen
- 1 eetlepel olijfolie
- 1 middelgrote gele ui, fijngesneden
- 1 middelgrote rode paprika, fijngehakt
- 2 teentjes knoflook, fijngehakt
- 1 $^1/_2$ kopjes gekookte of 1 blik (425 gram) zwarte bonen, uitgelekt en afgespoeld
- (14,5-ounce) blik geplette tomaten
- 2 theelepels chilipoeder
- Zout en versgemalen zwarte peper
- 1 pond stevige tofu, goed uitgelekt
- 3 eetlepels fijngehakte verse peterselie of koriander
- 1 blikje pompoenpuree (473 gram)
- 3 kopjes tomatensalsa, zelfgemaakt (zie Verse tomatensalsa) of in de winkel gekocht

Kook de noedels in een pan met kokend gezouten water op middelhoog vuur, af en toe roerend, tot ze net al dente zijn, ongeveer 7 minuten. Giet af en zet opzij. Verwarm de oven voor op 375°F.

Verhit de olie in een grote koekenpan op middelhoog vuur. Voeg de ui toe, doe het deksel erop en bak tot ze zacht zijn. Voeg de paprika en knoflook toe en bak tot ze zacht zijn, nog 5 minuten. Roer de bonen, tomaten, 1 theelepel chilipoeder en zout en zwarte peper naar smaak erdoor. Meng goed en zet apart.

Meng in een grote kom de tofu, peterselie, de resterende 1 theelepel chilipoeder en zout en zwarte peper naar smaak. Zet apart. Meng in een middelgrote kom de pompoen met de salsa en roer tot het goed gemengd is. Breng op smaak met zout en peper naar smaak.

Verdeel ongeveer ¾ kopje van het pompoenmengsel over de bodem van een 9 x 13-inch ovenschaal. Bedek met 4 van de noedels. Bedek met de helft van het bonenmengsel, gevolgd door de helft van het tofumengsel. Bedek met vier van de noedels, gevolgd door een laag van het pompoenmengsel, dan het resterende bonenmengsel, bedekt met de resterende noedels. Verdeel het resterende tofumengsel over de noedels, gevolgd door het resterende pompoenmengsel, en verspreid het tot aan de randen van de pan.

Bedek met folie en bak tot het heet en bubbelend is, ongeveer 50 minuten. Haal de folie eraf, bestrooi met pompoenpitten en laat 10 minuten staan voor het serveren.

42. Manicotti gevuld met snijbiet

Voor 4 porties

- 12 manicotti
- 3 eetlepels olijfolie
- 1 kleine ui, fijngehakt
- 1 middelgrote bos snijbiet, harde stelen bijgesneden en gehakt
- 1 pond stevige tofu, uitgelekt en verkruimeld
- Zout en versgemalen zwarte peper
- 1 kopje rauwe cashewnoten
- 3 kopjes ongezoete sojamelk

- $1/8$ theelepel gemalen nootmuskaat
- $1/8$ theelepel gemalen cayennepeper
- 1 kopje droog, ongekruid broodkruim

Verwarm de oven voor op 175°C. Vet een ovenschaal van 23 x 33 cm licht in met olie en zet deze opzij.

In een pan met kokend gezouten water, kook de manicotti op middelhoog vuur, af en toe roerend, tot al dente, ongeveer 8 minuten. Goed afgieten en onder koud water afspoelen. Opzij zetten.

Verhit in een grote koekenpan 1 eetlepel olie op middelhoog vuur. Voeg de ui toe, doe het deksel erop en bak tot hij zacht is, ongeveer 5 minuten. Voeg de snijbiet toe, doe het deksel erop en bak tot de snijbiet zacht is, af en toe roerend, ongeveer 10 minuten. Haal van het vuur en voeg de tofu toe, roer tot het goed gemengd is. Breng goed op smaak met zout en peper en zet apart.

Maal de cashewnoten in een blender of keukenmachine tot poeder. Voeg $1\ 1/2$ kopjes sojamelk, de nootmuskaat, de cayennepeper en zout naar smaak toe. Meng tot een glad geheel. Voeg de resterende $1\ 1/2$ kopjes sojamelk toe en meng tot een romig geheel. Proef en pas de kruiden indien nodig aan.

Verdeel een laag saus over de bodem van de voorbereide ovenschaal. Doe er ongeveer $1/3$ kopje van de snijbietvulling in de manicotti. Schik de gevulde manicotti in een enkele laag in de ovenschaal. Schep de resterende saus over de manicotti. Meng in een kleine kom de broodkruimels en de resterende 2 eetlepels olie en strooi over de manicotti. Dek af met folie en bak tot het heet en bubbelend is, ongeveer 30 minuten. Serveer direct

43. Spinazie Manicotti

Voor 4 porties

- 12 manicotti
- 1 eetlepel olijfolie
- 2 middelgrote sjalotten, fijngehakt
- 2 (10-ounce) pakketten bevroren gehakte spinazie, ontdooid
- 1 pond extra stevige tofu, uitgelekt en verkruimeld
- $1/4$ theelepel gemalen nootmuskaat
- Zout en versgemalen zwarte peper
- 1 kopje geroosterde walnotenstukjes
- 1 kopje zachte tofu, uitgelekt en verkruimeld
- $1/4$ kopje voedingsgist
- 2 kopjes ongezoete sojamelk
- 1 kopje droog broodkruim

Verwarm de oven voor op 350°F. Vet een ovenschaal van 9 x 13 inch licht in met olie. Kook de manicotti in een pan met kokend gezouten water op middelhoog vuur, af en toe roerend, tot ze al dente zijn, ongeveer 10 minuten. Laat goed uitlekken en spoel af onder koud water. Zet apart.

Verhit de olie in een grote koekenpan op middelhoog vuur. Voeg de sjalotten toe en bak tot ze zacht zijn, ongeveer 5 minuten. Knijp de spinazie uit om zoveel mogelijk vocht te verwijderen en voeg toe aan de sjalotten. Breng op smaak met nootmuskaat en zout en peper naar smaak en bak 5 minuten, roer om de smaken te mengen. Voeg de extra stevige tofu toe en roer om goed te mengen. Zet apart.

In een keukenmachine, maal de walnoten tot ze fijn gemalen zijn. Voeg de zachte tofu, voedingsgist, sojamelk en zout en peper naar smaak toe. Maal tot een glad geheel.

Verdeel een laag walnotensaus over de bodem van de voorbereide ovenschaal. Vul de manicotti met de vulling. Leg de gevulde manicotti in één laag in de ovenschaal. Schep de resterende saus erover. Dek af met folie en bak tot het heet is, ongeveer 30 minuten. Haal de folie eraf, bestrooi met broodkruimels en bak nog 10 minuten om de bovenkant lichtbruin te maken. Serveer direct

44. Lasagnerolletjes

Voor 4 porties

- 12 lasagnevellen
- 4 kopjes licht verpakte verse spinazie
- 1 kopje gekookte of ingeblikte witte bonen, uitgelekt en afgespoeld
- 1 pond stevige tofu, uitgelekt en drooggedept
- $^1/_2$ theelepel zout
- $^1/_4$ theelepel versgemalen zwarte peper
- $^1/_8$ theelepel gemalen nootmuskaat
- 3 kopjes marinara saus, zelfgemaakt (zie Marinara saus) of in de winkel gekocht

Verwarm de oven voor op 350°F. Kook de noedels in een pan met kokend gezouten water op middelhoog vuur, af en toe roerend, tot ze net al dente zijn, ongeveer 7 minuten.

Doe de spinazie in een magnetronbestendige schaal met 1 eetlepel water. Dek af en zet 1 minuut in de magnetron tot het slap is. Haal uit de kom en knijp de resterende vloeistof eruit. Doe de spinazie in een keukenmachine en pulseer om te hakken. Voeg de bonen, tofu, zout en peper toe en mix tot alles goed gemengd is. Zet apart.

Om de pinwheels te maken, leg je de noedels op een plat werkoppervlak. Verdeel ongeveer 3 eetlepels tofu-spinaziemengsel over het oppervlak van elke noedel en rol ze op. Herhaal dit met de overige ingrediënten. Verdeel een laag tomatensaus over de bodem van een ondiepe ovenschaal. Leg de rolletjes rechtop op de saus en schep wat van de resterende saus op elke pinwheel. Dek af met folie en bak 30 minuten. Serveer direct.

45. Pompoenravioli met doperwten

Voor 4 porties

- 1 kopje pompoenpuree uit blik
- $1/2$ kopje extra stevige tofu, goed uitgelekt en verkruimeld
- 2 eetlepels fijngehakte verse peterselie

- Snufje gemalen nootmuskaat
- Zout en versgemalen zwarte peper
- 1 recept voor pastadeeg zonder eieren
- 2 of 3 middelgrote sjalotten, in de lengte gehalveerd en in plakjes van $^1/_4$ inch gesneden
- 1 kopje bevroren babyerwten, ontdooid

Gebruik een papieren handdoek om overtollige vloeistof van de pompoen en de tofu te deppen, en meng het vervolgens in een keukenmachine met de voedingsgist, peterselie, nootmuskaat en zout en peper naar smaak. Zet apart.

Om de ravioli te maken, rolt u het pastadeeg dun uit op een licht met bloem bestoven oppervlak. Snijd het deeg in

2-inch brede reepjes. Doe 1 volle theelepel vulling op 1 pastareep, ongeveer 1 inch van de bovenkant. Doe nog een theelepel vulling op de pastareep, ongeveer een inch onder de eerste lepel vulling. Herhaal dit over de hele lengte van de deegreep. Bevochtig de randen van het deeg lichtjes met water en leg een tweede reep pasta bovenop de eerste, zodat de vulling bedekt is. Druk de twee lagen deeg op elkaar tussen de porties vulling. Gebruik een mes om de zijkanten van het deeg recht te snijden en snijd vervolgens het deeg tussen elke berg vulling door om vierkante ravioli te maken. Zorg ervoor dat je luchtzakken rond de vulling eruit drukt voordat je het dichtmaakt. Gebruik de tanden van een vork om langs de randen van het deeg te drukken om de ravioli dicht te maken. Doe de ravioli op een met bloem bestoven bord en herhaal dit met het resterende deeg en de saus. Zet apart.

Verhit de olie in een grote koekenpan op middelhoog vuur. Voeg de sjalotten toe en bak, af en toe roerend, tot de sjalotten diep goudbruin zijn maar niet verbrand, ongeveer 15 minuten. Roer de erwten erdoor en breng op smaak met zout en peper. Houd warm op zeer laag vuur.

Kook de ravioli in een grote pan met kokend gezouten water tot ze boven komen drijven, ongeveer 5 minuten. Laat ze goed uitlekken en doe ze in de pan met de sjalotten en erwten. Laat ze een minuut of twee koken om de smaken te mengen en doe ze dan in een grote serveerschaal. Breng op smaak met veel peper en serveer ze direct.

46. Artisjok-walnotenravioli

Voor 4 porties

- $^1/_3$ kopje plus 2 eetlepels olijfolie
- 3 teentjes knoflook, fijngehakt
- 1 (280 gram) pakje diepvriesspinazie, ontdooid en drooggeknepen
- 1 kopje bevroren artisjokharten, ontdooid en gehakt
- $^1/_3$ kopje stevige tofu, uitgelekt en verkruimeld
- 1 kopje geroosterde walnotenstukjes
- $^1/_4$ kopje strak gepakte verse peterselie
- Zout en versgemalen zwarte peper
- 1 recept voor pastadeeg zonder eieren
- 12 verse salieblaadjes

Verhit in een grote koekenpan 2 eetlepels olie op middelhoog vuur. Voeg de knoflook, spinazie en artisjokharten toe. Dek af en kook tot de knoflook zacht is en de vloeistof is opgenomen, ongeveer 3 minuten, af en toe roeren. Doe het mengsel in een keukenmachine. Voeg de tofu, $1/4$ kopje walnoten, de peterselie, en zout en peper naar smaak. Verwerk tot het fijngehakt en goed gemengd is.

Laat afkoelen.

Om de ravioli te maken, rolt u het deeg heel dun uit (ongeveer $1/8$ inch) op een licht met bloem bestoven oppervlak en snijd het in 2-inch brede reepjes. Plaats 1 volle theelepel vulling op een pastareep, ongeveer 1 inch van de bovenkant. Plaats nog een theelepel vulling op de pastareep, ongeveer 1 inch onder de eerste lepel vulling. Herhaal over de hele lengte van de deegreep.

Bevochtig de randen van het deeg lichtjes met water en leg een tweede strook pasta op de eerste, zodat de vulling bedekt is.

Druk de twee lagen deeg op elkaar tussen de porties vulling. Gebruik een mes om de zijkanten van het deeg recht te maken en snijd vervolgens dwars door het deeg tussen elke berg vulling om vierkante ravioli te maken. Gebruik de tanden van een vork om langs de randen van het deeg te drukken om de ravioli te sluiten. Doe de ravioli op een met bloem bestoven bord en herhaal dit met het resterende deeg en de vulling.

Kook de ravioli in een grote pan met kokend gezouten water tot ze boven komen drijven, ongeveer 7 minuten. Laat ze goed uitlekken en zet ze apart. Verhit de resterende $^1/_3$ kop olie in een grote koekenpan op middelhoog vuur. Voeg toe Voeg de salie en de resterende ¾ kop walnoten toe en kook tot de salie knapperig wordt en de walnoten geurig worden.

Voeg de gekookte ravioli toe en kook, onder zachtjes roeren, tot ze bedekt zijn met de saus en warm zijn. Serveer direct.

47. Tortellini met sinaasappelsaus

Voor 4 porties

- 1 eetlepel olijfolie
- 3 teentjes knoflook, fijngehakt
- 1 kopje stevige tofu, uitgelekt en verkruimeld
- ¾ kopje gehakte verse peterselie
- $1/4$ kopje veganistische Parmezaanse kaas of Parmasio
- Zout en versgemalen zwarte peper
- 1 recept voor pastadeeg zonder ei
- 2 $1/2$ kopjes marinara saus, zelfgemaakt (zie Marinara saus) of kant-en-klaar Schil van 1 sinaasappel
- $1/2$ theelepel gemalen rode peper

- $1/2$ kopje sojaroom of gewone ongezoete sojamelk

Verhit de olie in een grote koekenpan op middelhoog vuur. Voeg de knoflook toe en bak tot deze zacht is, ongeveer 1 minuut. Roer de tofu, peterselie, Parmezaanse kaas en zout en zwarte peper naar smaak erdoor. Meng tot alles goed gemengd is. Zet apart om af te koelen.

Om de tortellini te maken, rolt u het deeg dun uit (ongeveer $1/8$ inch) en snijdt u het in vierkanten van $2\,1/2$ inch. Leg

1 theelepel vulling net buiten het midden en vouw een hoek van het pasta vierkant over de vulling om een driehoek te vormen. Druk de randen op elkaar om te sluiten, wikkel de driehoek dan, met de middelste punt naar beneden, om je wijsvinger en druk de uiteinden tegen elkaar zodat ze blijven plakken. Vouw de punt van de driehoek naar beneden en schuif je vinger eraf. Zet apart op een licht bebloemd bord en ga verder met de rest van het deeg en de vulling.

Meng in een grote pan de marinara saus, sinaasappelschil en gemalen rode peper. Verwarm tot het heet is, roer dan de sojaroom erdoor en houd het warm op heel laag vuur.

Kook de tortellini in een pan met kokend gezouten water tot ze boven komen drijven, ongeveer 5 minuten. Laat ze goed uitlekken en doe ze in een grote serveerschaal. Voeg de saus toe en roer voorzichtig om te mengen. Serveer direct.

48. Groente Lo Mein Met Tofu

Voor 4 porties

- 12 ons linguine
- 1 eetlepel geroosterde sesamolie
- 3 eetlepels sojasaus
- 2 eetlepels droge sherry
- 1 eetlepel water
- Snufje suiker
- 1 eetlepel maizena

- 2 eetlepels koolzaadolie of druivenpitolie
- 1 pond extra stevige tofu, uitgelekt en in blokjes gesneden
- 1 middelgrote ui, gehalveerd en in dunne plakjes gesneden
- 3 kopjes kleine broccoliroosjes
- 1 middelgrote wortel, in plakjes van $1/4$ inch gesneden
- 1 kopje gesneden verse shiitake of witte champignons
- 2 teentjes knoflook, fijngehakt
- 2 theelepels geraspte verse gember
- 2 groene uien, fijngesneden

In een grote pan met kokend gezouten water, kook de linguine, af en toe roerend, tot ze zacht zijn, ongeveer 10 minuten. Laat goed uitlekken en doe in een kom. Voeg 1 theelepel sesamolie toe en hussel om te coaten. Zet opzij.

Meng in een kleine kom de sojasaus, sherry, water, suiker en de resterende 2 theelepels sesamolie. Voeg de maizena toe en roer tot het is opgelost. Zet apart.

Verhit in een grote koekenpan of wok 1 eetlepel canola op middelhoog vuur. Voeg de tofu toe en bak tot goudbruin, ongeveer 10 minuten. Haal uit de pan en zet apart.

Verwarm de resterende canola-olie in dezelfde pan. Voeg de ui, broccoli en wortel toe en roerbak tot ze net zacht zijn, ongeveer 7 minuten. Voeg de champignons, knoflook, gember en groene uien toe en roerbak 2 minuten. Roer de saus en de gekookte linguine erdoor en hussel om goed te mengen. Kook tot ze helemaal warm zijn. Proef, pas de kruiden aan en voeg indien nodig meer sojasaus toe. Serveer direct.

49. Pad Thai

Voor 4 porties

- 12 ons gedroogde rijstnoedels
- $1/3$ kopje sojasaus
- 2 eetlepels vers limoensap
- 2 eetlepels lichtbruine suiker
- 1 eetlepel tamarindepasta (zie kop)
- 1 eetlepel tomatenpuree
- 3 eetlepels water
- $1/2$ theelepel gemalen rode peper
- 3 eetlepels koolzaadolie of druivenpitolie
- 1 pond extra stevige tofu, uitgelekt, geperst (zie Tofu) en in blokjes van $1/2$ inch gesneden
- 4 bosuitjes, fijngehakt

- 2 teentjes knoflook, fijngehakt
- $^1/_3$ kopje grofgehakte, drooggeroosterde, ongezouten pinda's
- 1 kopje taugé, ter garnering
- 1 limoen, in partjes gesneden, ter garnering

Week de noedels in een grote kom met heet water tot ze zacht zijn, 5 tot 15 minuten, afhankelijk van de dikte van de noedels. Laat ze goed uitlekken en spoel ze af onder koud water. Doe de uitgelekte noedels in een grote kom en zet ze apart.

Meng in een kleine kom de sojasaus, limoensap, suiker, tamarindepasta, tomatenpuree, water en gemalen rode peper. Roer tot het goed gemengd is en zet het opzij.

Verhit 2 eetlepels olie in een grote koekenpan of wok op middelhoog vuur. Voeg de tofu toe en roerbak tot deze goudbruin is, ongeveer 5 minuten. Doe het op een schaal en zet het apart.

Verhit in dezelfde koekenpan of wok de resterende 1 eetlepel olie op middelhoog vuur. Voeg de ui toe en roerbak 1 minuut. Voeg de groene uien en knoflook toe, roerbak 30 seconden, voeg dan de gekookte tofu toe en bak ongeveer 5 minuten, af en toe omscheppend, tot goudbruin. Voeg de gekookte noedels toe en roerbak tot ze gemengd zijn en warm zijn.

Roer de saus erdoor en breng aan de kook. Blijf roeren tot de saus bedekt is. Voeg indien nodig een scheutje of twee extra water toe . om plakken te voorkomen. Wanneer de noedels warm en mals zijn, schep ze dan op een serveerschaal en bestrooi ze met pinda's en koriander. Garneer met taugé en limoenpartjes aan de zijkant van de schaal. Serveer warm.

50. Dronken spaghetti met tofu

Voor 4 porties

- 340 gram spaghetti
- 3 eetlepels sojasaus
- 1 eetlepel vegetarische oestersaus (optioneel)
- 1 theelepel lichtbruine suiker
- 226 gram extra stevige tofu, uitgelekt en geperst (zie Tofu)
- 2 eetlepels koolzaadolie of druivenpitolie
- 1 middelgrote rode ui, in dunne plakjes gesneden
- 1 middelgrote rode paprika, in dunne plakjes gesneden

- 1 kopje sugarsnaps, schoongemaakt
- 2 teentjes knoflook, fijngehakt
- $1/2$ theelepel gemalen rode peper
- 1 kopje verse Thaise basilicumblaadjes

Kook de spaghetti in een pan met kokend gezouten water op middelhoog vuur, af en toe roerend, tot al dente, ongeveer 8 minuten. Giet goed af en doe in een grote kom. Meng in een kleine kom de sojasaus, oestersaus (indien gebruikt) en suiker. Meng goed en giet het op de overgebleven spaghetti, hussel het om het te coaten. Zet opzij.

Snijd de tofu in $1/2$-inch reepjes. Verhit in een grote koekenpan of wok 1 eetlepel olie op middelhoog vuur. Voeg de tofu toe en bak tot hij goudbruin is, ongeveer 5 minuten. Haal hem uit de koekenpan en zet hem apart.

Zet de pan weer op het vuur en voeg de resterende 1 eetlepel koolzaadolie toe. Voeg de ui, paprika, sugarsnaps, knoflook en rode peper toe. Roerbak tot de groenten net gaar zijn, ongeveer 5 minuten. Voeg de gekookte spaghetti en sausmix, de gekookte tofu en de basilicum toe en roerbak tot ze heet zijn, ongeveer 4 minuten.

TEMPEH

51. Spaghetti in Carbonara-stijl

Voor 4 porties

- 2 eetlepels olijfolie
- 3 middelgrote sjalotten, fijngehakt
- 113 gram tempeh-bacon, zelfgemaakt (zie Tempeh Bacon) of in de winkel gekocht, fijngehakt
- 1 kopje ongezoete sojamelk
- $1/2$ kopje zachte of zijden tofu, uitgelekt
- $1/4$ kopje voedingsgist
- Zout en versgemalen zwarte peper
- 1 pond spaghetti
- 3 eetlepels fijngehakte verse peterselie

Verhit de olie in een grote koekenpan op middelhoog vuur. Voeg de sjalotten toe en bak tot ze zacht zijn, ongeveer 5 minuten. Voeg de tempeh bacon toe en bak, onder regelmatig roeren, tot ze lichtbruin zijn, ongeveer 5 minuten. Zet apart.

Doe de sojamelk, tofu, voedingsgist en zout en peper naar smaak in een blender. Mix tot een glad geheel. Zet apart.

Kook de spaghetti in een grote pan met kokend gezouten water op middelhoog vuur, af en toe roerend, tot al dente, ongeveer 10 minuten. Laat goed uitlekken en doe in een grote serveerschaal. Voeg het tofumengsel, $1/4$ kopje Parmezaanse kaas en alle behalve 2 eetlepels van het tempeh-baconmengsel toe.

Meng voorzichtig om te combineren en te proeven, pas de kruiden aan indien nodig, voeg een beetje meer sojamelk toe als het te droog is. Garneer met een paar maal peper, de resterende tempeh bacon, de resterende Parmezaanse kaas en peterselie. Serveer direct.

51. Roerbak van tempeh en groenten

Voor 4 porties

- 280 gram tempeh
- Zout en versgemalen zwarte peper
- 2 theelepels maizena
- 4 kopjes kleine broccoliroosjes
- 2 eetlepels koolzaadolie of druivenpitolie
- 2 eetlepels sojasaus
- 2 eetlepels water
- 1 eetlepel mirin
- $1/2$ theelepel gemalen rode peper
- 2 theelepels geroosterde sesamolie
- 1 middelgrote rode paprika, in plakjes van $1/2$ inch gesneden
- 170 gram witte champignons, lichtjes afgespoeld, drooggedept en in plakjes van $1/2$ inch gesneden
- 2 teentjes knoflook, fijngehakt

- 3 eetlepels fijngehakte groene uien
- 1 theelepel geraspte verse gember

Kook de tempeh in een middelgrote pan met zachtjes kokend water gedurende 30 minuten. Giet af, dep droog en zet apart om af te koelen. Snijd de tempeh in blokjes van $^1/_2$ inch en doe ze in een ondiepe kom. Breng op smaak met zout en zwarte peper, bestrooi met de maizena en hussel om te coaten. Zet apart.

Stoom de broccoli lichtjes tot hij bijna zacht is, ongeveer 5 minuten. Spoel hem af onder koud water om het kookproces te stoppen en de heldergroene kleur te behouden. Zet hem apart.

Verhit in een grote koekenpan of wok 1 eetlepel canola-olie op middelhoog vuur. Voeg de tempeh toe en roerbak tot goudbruin, ongeveer 5 minuten. Haal uit de koekenpan en zet apart.

Meng in een kleine kom de sojasaus, water, mirin, gemalen rode peper en sesamolie. Zet apart.

Verwarm dezelfde koekenpan op middelhoog vuur. Voeg de resterende 1 eetlepel koolzaadolie toe. Voeg de paprika en champignons toe en roerbak tot ze zacht zijn, ongeveer 3 minuten. Voeg de knoflook, groene uien en gember toe en roerbak 1 minuut. Voeg de gestoomde broccoli en gebakken tempeh toe en roerbak 1 minuut. Roer het sojasausmengsel erdoor en roerbak tot de tempeh en groenten heet zijn en goed bedekt met de saus. Serveer direct.

52. Teriyaki-tempeh

Voor 4 porties

- 1 pond tempeh, in plakjes van $1/4$ inch gesneden
- $1/4$ kopje vers citroensap
- 1 theelepel gehakte knoflook
- 2 eetlepels fijngehakte groene uien
- 2 theelepels geraspte verse gember
- 1 eetlepel suiker
- 2 eetlepels geroosterde sesamolie
- 1 eetlepel maizena
- 2 eetlepels water
- 2 eetlepels koolzaadolie of druivenpitolie

Kook de tempeh in een middelgrote pan met zachtjes kokend water gedurende 30 minuten. Giet af en doe in een grote ondiepe schaal. Meng in een kleine kom de sojasaus, citroensap, knoflook, groene uien, gember, suiker, sesamolie, maizena en water. Meng goed en giet de marinade over de gekookte tempeh, draai om om te coaten. Marineer de tempeh gedurende 1 uur.

Verhit de canola-olie in een grote koekenpan op middelhoog vuur. Haal de tempeh uit de marinade en bewaar de marinade. Voeg de tempeh toe aan de hete koekenpan en bak tot hij aan beide kanten goudbruin is, ongeveer 4 minuten per kant. Voeg de bewaarde marinade toe en laat sudderen tot de vloeistof dikker wordt, ongeveer 8 minuten. Serveer direct.

53. Gebarbecude tempeh

Voor 4 porties

- 1 pond tempeh, in 2-inch repen gesneden
- 2 eetlepels olijfolie
- 1 middelgrote ui, fijngehakt
- 1 middelgrote rode paprika, fijngehakt
- 2 teentjes knoflook, fijngehakt
- (14,5-ounce) blik geplette tomaten
- 2 eetlepels donkere melasse
- 2 eetlepels appelazijn
- eetlepel sojasaus
- 2 theelepels pittige bruine mosterd
- 1 eetlepel suiker
- $1/2$ theelepel zout
- $1/4$ theelepel gemalen piment
- $1/4$ theelepel gemalen cayennepeper

In een middelgrote pan met zachtjes kokend water, kook de tempeh gedurende 30 minuten. Giet af en zet opzij.

Verhit in een grote pan 1 eetlepel olie op middelhoog vuur. Voeg de ui, paprika en knoflook toe. Dek af en kook tot ze zacht zijn, ongeveer 5 minuten. Roer de tomaten, melasse, azijn, sojasaus, mosterd, suiker, zout, piment en cayennepeper erdoor en breng aan de kook. Zet het vuur laag en laat 20 minuten onafgedekt sudderen.

Verhit de resterende 1 eetlepel olie in een grote koekenpan op middelhoog vuur. Voeg de tempeh toe en bak tot hij goudbruin is, draai hem een keer om, ongeveer 10 minuten. Voeg genoeg saus toe om de tempeh royaal te bedekken. Dek af en laat sudderen om de smaken te mengen, ongeveer 15 minuten. Serveer direct.

54. Sinaasappel-Bourbon Tempeh

Voor 4 tot 6 porties

- 2 kopjes water
- $1/2$ kopje sojasaus
- dunne plakjes verse gember
- 2 teentjes knoflook, in plakjes
- 1 pond tempeh, in dunne plakjes gesneden
- Zout en versgemalen zwarte peper
- $1/4$ kopje koolzaadolie of druivenpitolie
- 1 eetlepel lichtbruine suiker
- $1/8$ theelepel gemalen piment
- $1/3$ kopje vers sinaasappelsap
- $1/4$ kopje bourbon of 5 sinaasappelschijfjes, gehalveerd
- 1 eetlepel maizena gemengd met 2 eetlepels water

Meng in een grote pan het water, sojasaus, gember, knoflook en sinaasappelschil. Doe de tempeh in de marinade en breng aan de kook. Zet het vuur laag en laat 30 minuten sudderen. Haal de tempeh uit de marinade en bewaar de marinade. Bestrooi de tempeh met zout en peper naar smaak. Doe de bloem in een ondiepe kom. Haal de gekookte tempeh door de bloem en zet apart.

Verhit de olie in een grote koekenpan op middelhoog vuur. Voeg de tempeh toe, indien nodig in porties, en bak tot beide kanten bruin zijn, ongeveer 4 minuten per kant. Roer geleidelijk de overgebleven marinade erdoor. Voeg de suiker, piment, sinaasappelsap en bourbon toe. Garneer de tempeh met de sinaasappelschijfjes. Dek af en laat sudderen tot de saus stroperig is en de smaken gemengd zijn, ongeveer 20 minuten.

Gebruik een schuimspaan of spatel om de tempeh uit de pan te halen en over te brengen op een serveerschaal. Houd warm. Voeg het maizenamengsel toe aan de saus en kook, al roerend, tot het dikker wordt. Zet het vuur laag en laat het onafgedekt sudderen, onder voortdurend roeren, tot de saus dikker is geworden. Schep de saus over de tempeh en serveer direct.

55. Tempeh en zoete aardappelen

Voor 4 porties

- 1 pond tempeh
- 2 eetlepels sojasaus
- 1 theelepel gemalen koriander
- $1/2$ theelepel kurkuma
- 2 eetlepels olijfolie
- 3 grote sjalotten, fijngesneden
- 1 of 2 middelgrote zoete aardappelen, geschild en in blokjes van $1/2$ inch gesneden
- 2 theelepels geraspte verse gember
- 1 kopje ananassap
- 2 theelepels lichtbruine suiker
- Sap van 1 limoen

Kook de tempeh in een middelgrote pan met zachtjes kokend water gedurende 30 minuten. Doe het in een ondiepe kom. Voeg 2 eetlepels sojasaus, koriander en kurkuma toe en hussel om te coaten. Zet opzij.

Verhit in een grote koekenpan 1 eetlepel olie op middelhoog vuur. Voeg de tempeh toe en bak tot deze aan beide kanten bruin is, ongeveer 4 minuten per kant. Haal uit de koekenpan en zet apart.

Verhit in dezelfde pan de resterende 2 eetlepels olie op middelhoog vuur. Voeg de sjalotten en zoete aardappelen toe. Dek af en kook tot ze lichtbruin en zacht zijn, ongeveer 10 minuten. Roer de gember, ananassap, de resterende 1 eetlepel sojasaus en suiker erdoor en roer tot ze gemengd zijn. Zet het vuur laag, voeg de gekookte tempeh toe, dek af en kook tot de aardappelen zacht zijn, ongeveer 10 minuten. Doe de tempeh en zoete aardappelen in een serveerschaal en houd ze warm. Roer het limoensap door de saus en laat 1 minuut sudderen om de smaken te mengen. Besprenkel de tempeh met de saus en serveer direct.

56. Creoolse Tempeh

Voor 4 tot 6 porties

- 1 pond tempeh, in plakjes van $^1/_4$ inch gesneden
- $^1/_4$ kopje sojasaus
- 2 eetlepels Creoolse kruiden
- $^1/_2$ kopje bloem voor alle doeleinden
- 2 eetlepels olijfolie
- 1 middelgrote zoete gele ui, fijngehakt
- 2 stengels bleekselderij, fijngesneden
- 1 middelgrote groene paprika, fijngehakt
- 3 teentjes knoflook, fijngehakt
- 1 blik (412 gram) tomatenblokjes, uitgelekt
- 1 theelepel gedroogde tijm
- $^1/_2$ kopje droge witte wijn
- Zout en versgemalen zwarte peper

Doe de tempeh in een grote pan met genoeg water om te bedekken. Voeg de sojasaus en 1 eetlepel van de Creoolse kruiden toe. Dek af en laat 30 minuten sudderen. Haal de tempeh uit de vloeistof en zet apart, bewaar de vloeistof.

Meng in een ondiepe kom de bloem met de resterende 2 eetlepels Creoolse kruiden en meng goed. Haal de tempeh door het bloemmengsel en zorg dat alles goed bedekt is. Verhit in een grote koekenpan 1 eetlepel olie op middelhoog vuur. Voeg de gedregde tempeh toe en bak tot het aan beide kanten bruin is, ongeveer 4 minuten per kant. Haal de tempeh uit de koekenpan en zet apart.

Verhit in dezelfde pan de resterende 1 eetlepel olie op middelhoog vuur. Voeg de ui, selderij, paprika en knoflook toe. Dek af en kook tot de groenten zacht zijn, ongeveer 10 minuten. Roer de tomaten erdoor en doe de tempeh terug in de pan, samen met de tijm, wijn en 1 kopje van de overgebleven suddervloeistof. Breng op smaak met zout en peper. Breng aan de kook en kook, zonder deksel, ongeveer 30 minuten om de vloeistof te reduceren en de smaken te mengen. Serveer direct.

57. Tempeh met citroen en kappertjes

Voor 4 tot 6 porties

- 1 pond tempeh, horizontaal gesneden in plakjes van $1/4$ inch
- $1/2$ kopje sojasaus
- $1/2$ kopje bloem voor alle doeleinden
- Zout en versgemalen zwarte peper
- 2 eetlepels olijfolie
- 2 middelgrote sjalotten, fijngehakt
- 2 teentjes knoflook, fijngehakt
- 2 eetlepels kappertjes
- $1/2$ kopje droge witte wijn
- $1/2$ kopje groentebouillon, zelfgemaakt (zie Lichte groentebouillon) of in de winkel gekocht
- 2 eetlepels veganistische margarine
- Sap van 1 citroen
- 2 eetlepels fijngehakte verse peterselie

Doe de tempeh in een grote pan met genoeg water om te bedekken. Voeg de sojasaus toe en laat 30 minuten sudderen. Haal de tempeh uit de pan en zet apart om af te koelen. Meng in een ondiepe kom de bloem en zout en peper naar smaak. Haal de tempeh door het bloemmengsel en bedek beide kanten. Zet apart.

Verhit 2 eetlepels olie in een grote koekenpan op middelhoog vuur. Voeg de tempeh toe, indien nodig in porties, en bak tot beide kanten bruin zijn, ongeveer 8 minuten in totaal. Haal de tempeh uit de koekenpan en zet apart.

Verhit in dezelfde pan de resterende 1 eetlepel olie op middelhoog vuur. Voeg de sjalotten toe en bak ongeveer 2 minuten. Voeg de knoflook toe en roer de kappertjes, wijn en bouillon erdoor. Doe de tempeh terug in de pan en laat 6 tot 8 minuten sudderen. Roer de margarine, citroensap en peterselie erdoor en roer tot de margarine smelt. Serveer direct.

58. Tempeh met esdoornsiroop en balsamicoglazuur

Voor 4 porties

- 1 pond tempeh, in 2-inch repen gesneden
- 2 eetlepels balsamicoazijn
- 2 eetlepels pure ahornsiroop
- 1 $^1/_2$ eetlepels pittige bruine mosterd
- 1 theelepel tabascosaus
- 1 eetlepel olijfolie
- 2 teentjes knoflook, fijngehakt
- $^1/_2$ kopje groentebouillon, zelfgemaakt (zie Lichte groentebouillon) of kant-en-klaar Zout en versgemalen zwarte peper

In een middelgrote pan met zachtjes kokend water, kook de tempeh gedurende 30 minuten. Giet af en dep droog.

Meng in een kleine kom de azijn, ahornsiroop, mosterd en tabasco. Zet apart.

Verhit de olie in een grote koekenpan op middelhoog vuur. Voeg de tempeh toe en bak tot ze aan beide kanten bruin zijn, draai ze een keer om, ongeveer 4 minuten per kant. Voeg de knoflook toe en bak nog 30 seconden.

Roer de bouillon en zout en peper naar smaak erdoor. Verhoog het vuur naar medium-hoog en kook, zonder deksel, ongeveer 3 minuten, of tot de vloeistof bijna is verdampt.

Voeg het gereserveerde mosterdmengsel toe en kook 1 tot 2 minuten, draai de tempeh om zodat deze bedekt is met de saus en mooi glazuurt. Pas op dat het niet verbrandt. Serveer direct.

59. Verleidelijke Tempeh Chili

Voor 4 tot 6 porties

- 1 pond tempeh
- 1 eetlepel olijfolie
- 1 middelgrote gele ui, fijngesneden
- 1 middelgrote groene paprika, fijngehakt
- 2 teentjes knoflook, fijngehakt
- eetlepels chilipoeder
- 1 theelepel gedroogde oregano
- 1 theelepel gemalen komijn

- (28-ounce) blik geplette tomaten
- $^1/_2$ kopje water, plus meer indien nodig
- 1 $^1/_2$ kopjes gekookte of 1 (15,5-ounce) blik pintobonen, uitgelekt en afgespoeld
- 1 blik (113 gram) gehakte milde groene chilipepers, uitgelekt
- Zout en versgemalen zwarte peper
- 2 eetlepels fijngehakte verse koriander

In een middelgrote pan met zachtjes kokend water, kook de tempeh gedurende 30 minuten. Giet af en laat afkoelen, hak fijn en zet apart.

Verhit de olie in een grote pan. Voeg de ui, paprika en knoflook toe, doe het deksel erop en bak tot ze zacht zijn, ongeveer 5 minuten. Voeg de tempeh toe en bak, zonder deksel, tot ze goudbruin zijn, ongeveer 5 minuten. Voeg het chilipoeder, oregano en komijn toe. Roer de tomaten, het water, de bonen en de chilipepers erdoor. Breng op smaak met zout en zwarte peper. Meng goed tot ze gemengd zijn.

Breng het aan de kook, zet het vuur laag, doe het deksel op de pan en laat het 45 minuten zachtjes koken. Roer af en toe en voeg indien nodig nog wat water toe.

Bestrooi met koriander en serveer direct.

60. Tempeh-Cacciatore

Voor 4 tot 6 porties

- 1 pond tempeh, in dunne plakjes gesneden
- 2 eetlepels koolzaadolie of druivenpitolie
- 1 middelgrote rode ui, in blokjes van $^1/_2$ inch gesneden
- middelgrote rode paprika, in blokjes van $^1/_2$ inch gesneden
- middelgrote wortel, in plakjes van $^1/_4$ inch gesneden
- 2 teentjes knoflook, fijngehakt
- 1 blik (28-ounce) tomatenblokjes, uitgelekt
- $^1/_4$ kopje droge witte wijn
- 1 theelepel gedroogde oregano
- 1 theelepel gedroogde basilicum
- Zout en versgemalen zwarte peper

In een middelgrote pan met zachtjes kokend water, kook de tempeh gedurende 30 minuten. Giet af en dep droog.

Verhit in een grote koekenpan 1 eetlepel olie op middelhoog vuur. Voeg de tempeh toe en bak tot deze aan beide kanten bruin is, in totaal 8 tot 10 minuten. Haal uit de koekenpan en zet apart.

Verhit in dezelfde pan de resterende 1 eetlepel olie op middelhoog vuur. Voeg de ui, paprika, wortel en knoflook toe. Dek af en kook tot ze zacht zijn, ongeveer 5 minuten. Voeg de tomaten, wijn, oregano, basilicum en zout en zwarte peper naar smaak toe en breng aan de kook. Zet het vuur laag, voeg de gereserveerde tempeh toe en laat onafgedekt sudderen tot de groenten zacht zijn en de smaken goed gemengd zijn, ongeveer 30 minuten. Serveer direct.

61. Indonesische Tempeh In Kokossaus

Voor 4 tot 6 porties

- 1 pond tempeh, in plakjes van $1/4$ inch gesneden
- 2 eetlepels koolzaadolie of druivenpitolie
- 1 middelgrote gele ui, fijngesneden
- 3 teentjes knoflook, fijngehakt
- 1 middelgrote rode paprika, fijngehakt
- 1 middelgrote groene paprika, fijngehakt
- 1 of 2 kleine Serrano of andere verse hete pepers, ontpit en fijngehakt
- 1 blik (412 gram) tomatenblokjes, uitgelekt
- 1 blikje (390 ml) ongezoete kokosmelk
- Zout en versgemalen zwarte peper
- $1/2$ kopje ongezouten geroosterde pinda's, gemalen of geplet, voor garnering
- 2 eetlepels fijngehakte verse koriander, ter garnering

In een middelgrote pan met zachtjes kokend water, kook de tempeh gedurende 30 minuten. Giet af en dep droog.

Verhit in een grote koekenpan 1 eetlepel olie op middelhoog vuur. Voeg de tempeh toe en bak tot deze aan beide kanten goudbruin is, ongeveer 10 minuten. Haal uit de pan en zet opzij.

Verhit in dezelfde pan de resterende 1 eetlepel olie op middelhoog vuur. Voeg de ui, knoflook, rode en groene paprika en chilipepers toe. Dek af en kook tot ze zacht zijn, ongeveer 5 minuten. Roer de tomaten en kokosmelk erdoor. Zet het vuur laag, voeg de gereserveerde tempeh toe, breng op smaak met zout en peper en laat onafgedekt sudderen tot de saus iets is ingekookt, ongeveer 30 minuten. Bestrooi met pinda's en koriander en serveer direct.

62. Gember-Pinda Tempeh

Voor 4 porties

- 1 pond tempeh, in blokjes van $1/2$ inch gesneden
- 2 eetlepels koolzaadolie of druivenpitolie
- middelgrote rode paprika, in blokjes van $1/2$ inch gesneden
- 3 teentjes knoflook, fijngehakt
- kleine bos groene uien, gehakt
- 2 eetlepels geraspte verse gember
- 2 eetlepels sojasaus
- 1 eetlepel suiker
- $1/4$ theelepel gemalen rode peper
- 1 eetlepel maizena
- 1 kopje water
- 1 kopje gemalen ongezouten geroosterde pinda's
- 2 eetlepels fijngehakte verse koriander

Kook de tempeh in een middelgrote pan met zachtjes kokend water gedurende 30 minuten. Giet af en dep droog. Verhit de olie in een grote koekenpan of wok op middelhoog vuur. Voeg de tempeh toe en bak tot hij lichtbruin is, ongeveer 8 minuten. Voeg de paprika toe en roerbak tot hij zacht is, ongeveer 5 minuten. Voeg de knoflook, groene uien en gember toe en roerbak tot hij geurig is, 1 minuut.

Meng in een kleine kom de sojasaus, suiker, gemalen rode peper, maizena en water. Meng goed en giet het in de pan. Kook, al roerend, gedurende 5 minuten, tot het iets dikker wordt. Roer de pinda's en koriander erdoor. Serveer direct.

63. Tempeh met aardappelen en kool

Voor 4 porties

- 1 pond tempeh, in blokjes van $^1/_2$ inch gesneden
- 2 eetlepels koolzaadolie of druivenpitolie
- 1 middelgrote gele ui, fijngesneden
- 1 middelgrote wortel, fijngesneden
- 1 $^1/_2$ eetlepels zoete Hongaarse paprika
- 2 middelgrote aardappelen, geschild en in blokjes van $^1/_2$ inch gesneden
- 3 kopjes geraspte kool
- 1 blik (412 gram) tomatenblokjes, uitgelekt
- $^1/_4$ kopje droge witte wijn
- 1 kopje groentebouillon, zelfgemaakt (zie Lichte groentebouillon) of kant-en-klaar Zout en versgemalen zwarte peper
- $^1/_2$ kopje veganistische zure room, zelfgemaakt (zie Tofu zure room) of in de winkel gekocht (optioneel)

In een middelgrote pan met zachtjes kokend water, kook de tempeh gedurende 30 minuten. Giet af en dep droog.

Verhit in een grote koekenpan 1 eetlepel olie op middelhoog vuur. Voeg de tempeh toe en bak tot deze aan beide kanten goudbruin is, ongeveer 10 minuten. Haal de tempeh eruit en zet apart.

Verhit in dezelfde pan de resterende 1 eetlepel olie op middelhoog vuur. Voeg de ui en wortel toe, doe het deksel erop en kook tot ze zacht zijn, ongeveer 10 minuten. Roer de paprika, aardappelen, kool, tomaten, wijn en bouillon erdoor en breng aan de kook. Breng op smaak met zout en peper.

Zet het vuur lager, voeg de tempeh toe en laat het 30 minuten onafgedekt sudderen, of tot de groenten zacht zijn en de smaken gemengd zijn. Klop de zure room erdoor, als u die gebruikt, en serveer direct.

64. Zuidelijke Succotash-stoofpot

Voor 4 porties

- 280 gram tempeh
- 2 eetlepels olijfolie
- 1 grote zoete gele ui, fijngehakt
- 2 middelgrote aardappelen, geschild en in blokjes van $1/2$ inch gesneden
- 1 blik (412 gram) tomatenblokjes, uitgelekt
- 1 (16-ounce) verpakking bevroren succotash
- 2 kopjes groentebouillon, zelfgemaakt (zie Lichte groentebouillon) of kant-en-klaar, of water
- 2 eetlepels sojasaus
- 1 theelepel droge mosterd
- 1 theelepel suiker
- $1/2$ theelepel gedroogde tijm
- $1/2$ theelepel gemalen piment
- $1/4$ theelepel gemalen cayennepeper
- Zout en versgemalen zwarte peper

Kook de tempeh in een middelgrote pan met zachtjes kokend water gedurende 30 minuten. Giet af, dep droog en snijd in blokjes van 2,5 cm.

Verhit in een grote koekenpan 1 eetlepel olie op middelhoog vuur. Voeg de tempeh toe en bak tot deze aan beide kanten bruin is, ongeveer 10 minuten. Zet apart.

Verhit de resterende 1 eetlepel olie in een grote pan op middelhoog vuur. Voeg de ui toe en bak tot deze zacht is, 5 minuten. Voeg de aardappelen, wortels, tomaten, succotash, bouillon, sojasaus, mosterd, suiker, tijm, piment en cayennepeper toe. Breng op smaak met zout en peper. Breng aan de kook, zet het vuur laag en voeg de tempeh toe. Laat sudderen, afgedekt, tot de groenten zacht zijn, af en toe roeren, ongeveer 45 minuten.

Ongeveer 10 minuten voordat de stoofpot klaar is met koken, roer de vloeibare rook erdoor. Proef, pas indien nodig de kruiden aan

Direct serveren.

65. Gebakken Jambalaya-schotel

Voor 4 porties

- 280 gram tempeh
- 2 eetlepels olijfolie
- 1 middelgrote gele ui, fijngesneden
- 1 middelgrote groene paprika, fijngehakt
- 2 teentjes knoflook, fijngehakt
- 1 blik (28-ounce) tomatenblokjes, onuitgelekt
- $1/2$ kopje witte rijst

- 1 $^1/_2$ kopjes groentebouillon, zelfgemaakt (zie Lichte groentebouillon) of in de winkel gekocht, of water
- 1 $^1/_2$ kopjes gekookte of 1 (15,5-ounce) blik donkerrode kidneybonen, uitgelekt en afgespoeld
- 1 eetlepel gehakte verse peterselie
- 1 $^1/_2$ theelepels Cajun-kruiden
- 1 theelepel gedroogde tijm
- $^1/_2$ theelepel zout
- $^1/_4$ theelepel versgemalen zwarte peper

Kook de tempeh in een middelgrote pan met zachtjes kokend water gedurende 30 minuten. Giet af en dep droog. Snijd in blokjes van $^1/_2$ inch. Verwarm de oven voor op 350°F.

Verhit in een grote koekenpan 1 eetlepel olie op middelhoog vuur. Voeg de tempeh toe en bak tot deze aan beide kanten bruin is, ongeveer 8 minuten. Doe de tempeh in een ovenschaal van 9 x 13 inch en zet opzij.

Verhit in dezelfde pan de resterende 1 eetlepel olie op middelhoog vuur. Voeg de ui, paprika en knoflook toe. Dek af en kook tot de groenten zacht zijn, ongeveer 7 minuten.

Voeg het groentemengsel toe aan de ovenschaal met de tempeh. Roer de tomaten met hun vocht, de rijst, bouillon, kidneybonen, peterselie, Cajun-kruiden, tijm, zout en zwarte peper erdoor. Meng goed, dek af en bak tot de rijst zacht is, ongeveer 1 uur. Serveer direct.

66. Tempeh en zoete aardappeltaart

Voor 4 porties

- 8 ons tempeh
- 3 middelgrote zoete aardappelen, geschild en in blokjes van $^1/_2$ inch gesneden
- 2 eetlepels veganistische margarine
- $^1/_4$ kopje ongezoete sojamelk
- Zout en versgemalen zwarte peper
- 2 eetlepels olijfolie
- 1 middelgrote gele ui, fijngehakt
- 2 middelgrote wortelen, fijngesneden
- 1 kopje bevroren erwten, ontdooid
- 1 kopje bevroren maïskorrels, ontdooid
- 1 $^1/_2$ kopjes champignonsaus
- $^1/_2$ theelepel gedroogde tijm

Kook de tempeh in een middelgrote pan met zachtjes kokend water gedurende 30 minuten. Giet af en dep droog. Snijd de tempeh fijn en zet hem apart.

Stoom de zoete aardappelen tot ze zacht zijn, ongeveer 20 minuten. Verwarm de oven voor op 350°F. Pureer de zoete aardappelen met de margarine, sojamelk en zout en peper naar smaak. Zet apart.

Verhit 1 eetlepel olie in een grote koekenpan op middelhoog vuur. Voeg de ui en wortels toe, dek af en bak tot ze zacht zijn, ongeveer 10 minuten. Doe ze in een 10-inch bakvorm.

Verhit in dezelfde pan de resterende 1 eetlepel olie op middelhoog vuur. Voeg de tempeh toe en bak tot deze aan beide kanten bruin is, 8 tot 10 minuten. Voeg de tempeh toe aan de bakpan met de ui en wortels. Roer de erwten, maïs en champignonsaus erdoor. Voeg de tijm en zout en peper naar smaak toe. Roer om te mengen.

Verdeel de gepureerde zoete aardappelen erover en gebruik een spatel om het gelijkmatig over de randen van de pan te verdelen. Bak tot de aardappelen lichtbruin zijn en de vulling heet is, ongeveer 40 minuten. Serveer direct.

67. Pasta gevuld met aubergine en tempeh

Voor 4 porties

- 8 ons tempeh
- 1 middelgrote aubergine
- 12 grote pastaschelpen
- 1 teentje knoflook, geplet
- $1/4$ theelepel gemalen cayennepeper
- Zout en versgemalen zwarte peper
- Droog, ongekruid broodkruim

- 3 kopjes marinara saus, zelfgemaakt (zie Marinara saus) of in de winkel gekocht

In een middelgrote pan met zachtjes kokend water, kook de tempeh gedurende 30 minuten. Giet af en zet opzij om af te koelen.

Verwarm de oven voor op 230°C. Prik met een vork gaatjes in de aubergine en bak op een licht ingevette bakplaat tot hij zacht is, ongeveer 45 minuten.

Terwijl de aubergine in de oven staat, kook je de pastaschelpen in een pan met kokend gezouten water, af en toe roerend, tot ze al dente zijn, ongeveer 7 minuten. Giet af en spoel af onder koud water. Zet apart.

Haal de aubergine uit de oven, halveer in de lengte en giet alle vloeistof af. Verlaag de oventemperatuur naar 350°F. Vet een bakvorm van 9 x 13 inch licht in met olie. Maal de knoflook in een keukenmachine tot het fijngemalen is. Voeg de tempeh toe en pulseer tot het grof gemalen is. Schraap het vruchtvlees van de aubergine uit de schil en doe het in de keukenmachine met de tempeh en knoflook. Voeg de cayennepeper toe, breng op smaak met zout en peper en pulseer tot het gemengd is. Als de vulling los is, voeg dan wat broodkruimels toe.

Verdeel een laag tomatensaus over de bodem van de voorbereide ovenschaal. Vul de schelpen met de vulling tot ze goed gevuld zijn.

Schik de schelpen op de saus en giet de resterende saus over en rond de schelpen. Bedek met folie en bak tot het heet is, ongeveer 30 minuten. Haal de folie eraf, bestrooi met de Parmezaanse kaas en bak nog 10 minuten. Serveer direct.

68. Singaporese noedels met tempeh

Voor 4 porties

- 226 gram tempeh, in blokjes van $1/2$ inch gesneden
- 8 ons rijstvermicelli
- 1 eetlepel geroosterde sesamolie
- 2 eetlepels koolzaadolie of druivenpitolie
- 4 eetlepels sojasaus
- $1/3$ kopje romige pindakaas
- $1/2$ kopje ongezoete kokosmelk
- $1/2$ kopje water
- 1 eetlepel vers citroensap
- 1 theelepel lichtbruine suiker
- $1/2$ theelepel gemalen cayennepeper
- 1 middelgrote rode paprika, fijngehakt

- 3 kopjes geraspte kool
- 3 teentjes knoflook
- 1 kopje gehakte groene uien
- 2 theelepels geraspte verse gember
- 1 kopje bevroren erwten, ontdooid
- Zout
- $1/4$ kopje gehakte ongezouten geroosterde pinda's, ter garnering
- 2 eetlepels fijngehakte verse koriander, ter garnering

Kook de tempeh in een middelgrote pan met zachtjes kokend water gedurende 30 minuten. Giet af en dep droog. Week de rijstvermicelli in een grote kom met heet water tot ze zacht zijn, ongeveer 5 minuten. Giet goed af, spoel af en doe in een grote kom. Meng met de sesamolie en zet apart.

Verhit in een grote koekenpan 1 eetlepel canola-olie op middelhoog vuur. Voeg gekookte tempeh toe en bak tot deze aan alle kanten bruin is, voeg 1 eetlepel sojasaus toe om kleur en smaak toe te voegen. Haal de tempeh uit de koekenpan en zet apart.

Doe de pindakaas, kokosmelk, water, citroensap, suiker, cayennepeper en de resterende 3 eetlepels sojasaus in een blender of keukenmachine. Meng tot een glad geheel en zet opzij.

Verhit in een grote koekenpan de resterende 1 eetlepel canola-olie op middelhoog vuur. Voeg de paprika, kool, knoflook, groene uien en gember toe en kook, af en toe roerend, tot ze zacht zijn, ongeveer 10 minuten. Zet het vuur laag; roer de erwten, de gebruinde tempeh en de zachte noedels erdoor. Roer de saus erdoor, voeg zout naar smaak toe en laat sudderen tot het heet is.

Doe het mengsel in een grote serveerschaal, garneer het met gehakte pinda's en koriander en serveer.

69. Tempeh-spek

Voor 4 porties

170 gram tempeh
2 eetlepels koolzaadolie of druivenpitolie
2 eetlepels sojasaus
$1/2$ theelepel vloeibare rook

Kook de tempeh in een middelgrote pan met zachtjes kokend water gedurende 30 minuten. Zet apart om af te koelen, dep droog en snijd in $1/8$-inch reepjes.

Verhit de olie in een grote koekenpan op middelhoog vuur. Voeg de tempehplakken toe en bak ze aan beide kanten tot ze bruin zijn, ongeveer 3 minuten per kant. Besprenkel met de sojasaus en vloeibare rook, maar zorg dat het niet spettert. Draai de tempeh om zodat ze bedekt zijn. Serveer warm.

70. Spaghetti en T-balletjes

Voor 4 porties

- 1 pond tempeh
- 2 of 3 teentjes knoflook, fijngehakt
- 3 eetlepels fijngehakte verse peterselie
- 3 eetlepels sojasaus
- 1 eetlepel olijfolie, plus extra om te koken
- ¾ kopje vers broodkruim
- $1/3$ kopje tarweglutenmeel (vitale tarwegluten)
- 3 eetlepels voedingsgist
- $1/2$ theelepel gedroogde oregano
- $1/2$ theelepel zout
- $1/4$ theelepel versgemalen zwarte peper

- 1 pond spaghetti
- 3 kopjes marinara-saus, zelfgemaakt (zie links) of in de winkel gekocht

In een middelgrote pan met zachtjes kokend water, kook de tempeh gedurende 30 minuten. Laat goed uitlekken en snijd in stukken.

Doe de gekookte tempeh in een keukenmachine, voeg de knoflook en peterselie toe en pulseer tot het grof gemalen is. Voeg de sojasaus, olijfolie, broodkruimels, glutenmeel, gist, oregano, zout en zwarte peper toe en pulseer tot het gemengd is, zodat er wat textuur overblijft. Schraap het tempehmengsel in een kom en gebruik je handen om het mengsel te kneden tot het goed gemengd is, 1 tot 2 minuten. Gebruik je handen om het mengsel in kleine balletjes te rollen, niet groter dan $1\ 1/2$ inch in diameter. Herhaal met het resterende tempehmengsel.

Verhit een dun laagje olie in een licht geoliede grote koekenpan op middelhoog vuur. Voeg de T-balls toe, indien nodig in porties, en bak tot ze bruin zijn, en beweeg ze indien nodig in de pan voor gelijkmatige bruining, 15 tot 20 minuten. U kunt de T-balls ook op een geoliede bakplaat leggen en 25 tot 30 minuten bakken op 350°F, waarbij u ze halverwege een keer omdraait.

Kook de spaghetti in een grote pan met kokend, gezouten water op middelhoog vuur. Roer af en toe, tot de spaghetti al dente is, ongeveer 10 minuten.

Terwijl de spaghetti kookt, verwarm je de marinarasaus in een middelgrote pan op middelhoog vuur tot de saus heet is.

Wanneer de pasta gaar is, goed laten uitlekken en verdelen over 4 dinerborden of ondiepe pastakommen. Garneer elke portie met een paar T-balls. Schep de saus over de T-balls en spaghetti en serveer warm. Meng de resterende T-balls en saus in een serveerschaal en serveer.

71. Paglia E Fieno met doperwten

Voor 4 porties

- ¹/₃ kopje plus 1 eetlepel olijfolie
- 2 middelgrote sjalotten, fijngehakt
- ¹/₄ kopje gehakte tempeh-bacon, zelfgemaakt (zie Tempeh Bacon) of in de winkel gekocht (optioneel)
- Zout en versgemalen zwarte peper
- 8 ons gewone of volkoren linguine
- 8 ons spinazie linguine
- Veganistische Parmezaanse kaas of Parmasio

Verhit in een grote koekenpan 1 eetlepel olie op middelhoog vuur. Voeg de sjalotten toe en bak tot ze zacht zijn, ongeveer 5 minuten. Voeg de tempeh bacon toe, indien gebruikt, en bak tot ze mooi bruin zijn. Roer de champignons erdoor en bak tot ze zacht zijn, ongeveer 5 minuten. Breng op smaak met zout en peper. Roer de erwten en de resterende $1/3$ kop olie erdoor. Dek af en houd warm op zeer laag vuur.

In een grote pan met kokend gezouten water, kook de linguine op middelhoog vuur, af en toe roerend, tot al dente, ongeveer 10 minuten. Laat goed uitlekken en doe in een grote serveerschaal.

Voeg de saus toe, breng op smaak met zout en peper en bestrooi met Parmezaanse kaas. Meng voorzichtig en serveer direct.

ZIJN N

72. Basis gestoofde seitan

Levert ongeveer 2 pond op

Seitan

- 1¾ kopje tarweglutenmeel (vitale tarwegluten)
- $^1/_2$ theelepel zout
- $^1/_2$ theelepel uienpoeder
- $^1/_4$ theelepel zoete paprika
- 1 eetlepel olijfolie
- 2 eetlepels sojasaus
- 1 $^2/_3$ kopjes koud water

Sudderende vloeistof:
- 2 liter water
- $1/2$ kopje sojasaus
- 2 teentjes knoflook, geplet

Maak de seitan: Doe het tarweglutenmeel, de voedingsgist, het zout, uienpoeder en de paprika in een keukenmachine. Pulseer tot het gemengd is. Voeg de olie, sojasaus en het water toe en maal een minuut tot een deeg. Leg het mengsel op een licht met bloem bestoven werkvlak en kneed het tot het glad en elastisch is, ongeveer 2 minuten.

Maak de vloeistof klaar: doe het water, de sojasaus en de knoflook in een grote pan.

Verdeel het seitandeeg in 4 gelijke stukken en doe ze in de sudderende vloeistof. Breng het op middelhoog vuur aan de kook, verlaag het vuur dan naar middellaag, doe het deksel erop en laat het zachtjes sudderen, af en toe omdraaiend, gedurende 1 uur. Zet het vuur uit en laat de seitan in de vloeistof afkoelen. Als het eenmaal is afgekoeld, kan de seitan worden gebruikt in recepten of in de vloeistof in een goed afgesloten bak tot een week in de koelkast worden bewaard of tot 3 maanden in de vriezer.

73. Gevulde gebakken seitangebraad

Voor 6 porties

- 1 recept Basis gestoofde seitan , ongekookt
- 1 eetlepel olijfolie
- 1 kleine gele ui, fijngehakt
- 1 stengel bleekselderij, fijngehakt
- $1/2$ theelepel gedroogde tijm
- $1/2$ theelepel gedroogde salie
- $1/2$ kopje water, of meer indien nodig
- Zout en versgemalen zwarte peper
- 2 kopjes verse broodblokjes
- $1/4$ kopje fijngehakte verse peterselie

Leg de rauwe seitan op een licht met bloem bestoven werkvlak en rek het uit met licht met bloem bestoven handen tot het plat is en ongeveer $1/2$ inch dik. Leg de platgedrukte seitan tussen twee vellen plasticfolie of bakpapier. Gebruik een deegroller om het zo plat mogelijk te maken (het zal elastisch en resistent zijn). Leg er een bakplaat op die je hebt verzwaard met een gallon water of blikvoer en laat het rusten terwijl je de vulling maakt.

Verhit de olie in een grote koekenpan op middelhoog vuur. Voeg de ui en selderij toe. Dek af en kook tot ze zacht zijn, 10 minuten. Roer de tijm, salie, water en zout en peper naar smaak erdoor. Haal van het vuur en zet opzij. Doe het brood en de peterselie in een grote mengkom. Voeg het uienmengsel toe en meng goed, voeg een beetje meer water toe als de vulling te droog is. Proef en pas indien nodig de kruiden aan. Zet opzij.

Verwarm de oven voor op 350°F. Vet een bakvorm van 9 x 13 inch licht in en zet opzij. Rol de afgeplatte seitan uit met een deegroller tot deze ongeveer $1/4$ inch dik is. Verdeel de vulling over het oppervlak van de seitan en rol het voorzichtig en gelijkmatig op. Leg het gebraad met de naad naar beneden in de voorbereide bakvorm. Wrijf een beetje olie op de bovenkant en zijkanten van het gebraad en bak, afgedekt, gedurende 45 minuten, haal het dan los en bak tot het stevig en glanzend bruin is, ongeveer 15 minuten langer.

Haal het uit de oven en zet het 10 minuten apart voordat u het aansnijdt. Gebruik een gekarteld mes om het in plakjes van $^1/_2$ inch te snijden. Let op: voor het makkelijkste snijden, maakt u het gebraad van tevoren klaar en laat u het volledig afkoelen voordat u het aansnijdt. Snijd het gebraad geheel of gedeeltelijk aan en verwarm het vervolgens 15 tot 20 minuten in de oven, goed afgedekt, voordat u het serveert.

74. Seitan-braadstuk

Voor 4 porties

- 1 recept Basis Gesudderde Seitan
- 2 eetlepels olijfolie
- 3 tot 4 middelgrote sjalotten, in de lengte gehalveerd
- 1 pond Yukon Gold-aardappelen, geschild en in stukken van 5 cm gesneden
- $1/2$ theelepel gedroogde bonenkruid
- $1/4$ theelepel gemalen salie
- Zout en versgemalen zwarte peper
- Mierikswortel, om te serveren

Volg de instructies voor het maken van Basic Simmered Seitan, maar verdeel het seitandeeg in 2 stukken in plaats van 4 voordat je het laat sudderen. Nadat de seitan 30 minuten in de bouillon is afgekoeld, haal je het uit de pan en zet je het apart. Bewaar het kookvocht en gooi alle vaste stoffen weg. Bewaar 1 stuk seitan (ongeveer 1 pond) voor later gebruik door het in een kom te doen en het te bedekken met wat van het bewaarde kookvocht. Dek af en bewaar in de koelkast tot je het nodig hebt. Als je het niet binnen 3 dagen gebruikt, laat de seitan dan volledig afkoelen, wikkel het stevig in en vries het in.

Verhit in een grote pan 1 eetlepel olie op middelhoog vuur. Voeg de sjalotten en wortels toe. Dek af en kook 5 minuten. Voeg de aardappelen, tijm, bonenkruid, salie en zout en peper naar smaak toe. Voeg $1\,^1/_2$ kopjes van het achtergehouden kookvocht toe en breng aan de kook. Zet het vuur laag en kook, afgedekt, 20 minuten.

Wrijf de overgebleven seitan in met de resterende 1 eetlepel olie en de paprika. Leg de seitan op de sudderende groenten. Dek af en blijf koken tot de groenten zacht zijn, ongeveer 20 minuten langer. Snijd de seitan in dunne plakjes en leg ze op een grote serveerschaal, omringd door de gekookte groenten. Serveer direct, met mierikswortel ernaast.

75. Bijna eenpansgerecht Thanksgiving-diner

Voor 6 porties

- 2 eetlepels olijfolie
- 1 kopje fijngehakte ui
- 2 stengels bleekselderij, fijngehakt
- 2 kopjes gesneden witte champignons
- $1/2$ theelepel gedroogde tijm
- $1/2$ theelepel gedroogde bonenkruid
- $1/2$ theelepel gemalen salie
- Snufje gemalen nootmuskaat
- Zout en versgemalen zwarte peper
- 2 kopjes verse broodblokjes

- 2 $1/2$ kopjes groentebouillon, zelfgemaakt (zie Lichte groentebouillon) of in de winkel gekocht
- $1/3$ kopje gezoete gedroogde veenbessen
- 225 gram extra stevige tofu, uitgelekt en in plakjes van $1/4$ inch gesneden
- 226 gram seitan, zelfgemaakt of in de winkel gekocht, heel dun gesneden
- 2 $1/2$ kopjes basis aardappelpuree
- 1 vel diepvriesbladerdeeg, ontdooid

Verwarm de oven voor op 400°F. Vet een vierkante ovenschaal van 10 inch licht in. Verhit de olie in een grote koekenpan op middelhoog vuur. Voeg de ui en selderij toe. Dek af en kook tot ze zacht zijn, ongeveer 5 minuten. Roer de champignons, tijm, bonenkruid, salie, nootmuskaat en zout en peper naar smaak erdoor. Kook, onafgedekt, tot de champignons zacht zijn, ongeveer 3 minuten langer. Zet apart.

Meng in een grote kom de broodblokjes met zoveel bouillon als nodig is om het te bevochtigen (ongeveer

1 $1/2$ kopjes). Voeg het gekookte groentemengsel, walnoten en veenbessen toe. Roer tot het goed gemengd is en zet opzij.

Breng in dezelfde pan de resterende 1 kop bouillon aan de kook, zet het vuur lager, voeg de tofu toe en laat het onafgedekt sudderen tot de bouillon is opgenomen, ongeveer 10 minuten. Zet het opzij.

Verdeel de helft van de voorbereide vulling over de bodem van de voorbereide ovenschaal, gevolgd door de helft van de seitan, de helft van de tofu en de helft van de bruine saus. Herhaal de lagen met de resterende vulling, seitan, tofu en saus.

76. Seitan Milanese met Panko en Citroen

Voor 4 porties

- 2 kopjes panko
- $1/4$ kopje fijngehakte verse peterselie
- $1/2$ theelepel zout
- $1/4$ theelepel versgemalen zwarte peper
- 1 pond seitan, zelfgemaakt of in de winkel gekocht, in plakjes van $1/4$ inch gesneden
- 2 eetlepels olijfolie
- 1 citroen, in partjes gesneden

Verwarm de oven voor op 250°F. Meng in een grote kom de panko, peterselie, zout en peper. Bevochtig de seitan met een beetje water en haal het door het pankomengsel.

Verhit de olie in een grote koekenpan op middelhoog vuur. Voeg de seitan toe en bak, draai hem een keer om, tot hij goudbruin is, werk indien nodig in porties. Doe de gekookte seitan op een bakplaat en houd hem warm in de oven terwijl je de rest bakt. Serveer direct, met partjes citroen.

77. Sesamkorst Seitan

Voor 4 porties

- $1/3$ kopje sesamzaadjes
- $1/3$ kopje bloem voor alle doeleinden
- $1/2$ theelepel zout
- $1/4$ theelepel versgemalen zwarte peper
- $1/2$ kopje ongezoete sojamelk
- 1 pond seitan, zelfgemaakte of kant-en-klare seitan, in plakjes van $1/4$ inch gesneden
- 2 eetlepels olijfolie

Doe de sesamzaadjes in een droge koekenpan op middelhoog vuur en rooster ze tot ze licht goudbruin zijn, onder voortdurend roeren, 3 tot 4 minuten. Zet ze apart om af te koelen en maal ze vervolgens in een keukenmachine of kruidenmolen.

Doe de gemalen sesamzaadjes in een ondiepe kom en voeg de bloem, zout en peper toe en meng goed. Doe de sojamelk in een ondiepe kom. Doop de seitan in de sojamelk en haal het vervolgens door het sesammengsel.

Verhit de olie in een grote koekenpan op middelhoog vuur. Voeg de seitan toe, indien nodig in porties, en bak tot het aan beide kanten knapperig en goudbruin is, ongeveer 10 minuten. Serveer direct.

78. Seitan met artisjokken en olijven

Voor 4 porties

- 2 eetlepels olijfolie
- 1 pond seitan, zelfgemaakt of in de winkel gekocht, in plakjes van $1/4$ inch gesneden
- 2 teentjes knoflook, fijngehakt
- 1 blik (412 gram) tomatenblokjes, uitgelekt
- 1 $1/2$ kopjes ingeblikte of bevroren (gekookte) artisjokharten, in plakjes van $1/4$ inch gesneden
- 1 eetlepel kappertjes
- 2 eetlepels gehakte verse peterselie
- Zout en versgemalen zwarte peper
- 1 kopje Tofu Feta (optioneel)

Verwarm de oven voor op 250°F. Verhit in een grote koekenpan 1 eetlepel olie op middelhoog vuur. Voeg de seitan toe en bak aan beide kanten bruin, ongeveer 5 minuten. Doe de seitan op een hittebestendige schaal en houd warm in de oven.

Verhit in dezelfde pan de resterende 1 eetlepel olie op middelhoog vuur. Voeg de knoflook toe en bak tot het geurig is, ongeveer 30 seconden. Voeg de tomaten, artisjokharten, olijven, kappertjes en peterselie toe. Breng op smaak met zout en peper en bak tot het heet is, ongeveer 5 minuten. Zet apart.

Leg de seitan op een serveerschaal, bedek met het groentemengsel en bestrooi met tofu feta, indien gebruikt. Serveer direct.

79. Seitan met ancho-chipotlesaus

Voor 4 porties

- 2 eetlepels olijfolie
- 1 middelgrote ui, fijngehakt
- 2 middelgrote wortelen, fijngesneden
- 2 teentjes knoflook, fijngehakt
- 1 blik (28-ounce) geplette vuurgeroosterde tomaten
- $1/2$ kopje groentebouillon, zelfgemaakt (zie Lichte groentebouillon) of in de winkel gekocht
- 2 gedroogde ancho-chilies
- 1 gedroogde chipotle-peper
- $1/2$ kopje gele maïsmeel

- $^1/_2$ theelepel zout
- $^1/_4$ theelepel versgemalen zwarte peper
- 1 pond seitan, zelfgemaakt of in de winkel gekocht, in plakjes van $^1/_4$ inch gesneden

Verhit in een grote pan 1 eetlepel olie op middelhoog vuur. Voeg de ui en wortels toe, doe het deksel erop en bak 7 minuten. Voeg de knoflook toe en bak 1 minuut. Roer de tomaten, bouillon en de ancho- en chipotle-chilipepers erdoor. Laat 45 minuten sudderen zonder deksel, giet de saus in een blender en mix tot het glad is. Doe het terug in de pan en houd het warm op heel laag vuur.

Meng in een ondiepe kom het maïsmeel met het zout en de peper. Haal de seitan door het maïsmeelmengsel en zorg dat alles gelijkmatig bedekt is.

Verhit de 2 resterende eetlepels olie in een grote koekenpan op middelhoog vuur. Voeg de seitan toe en bak tot deze aan beide kanten bruin is, ongeveer 8 minuten in totaal. Serveer direct met de chilisaus.

80. Seitan Piccata

Voor 4 porties

- 1 pond seitan, zelfgemaakt of in de winkel gekocht, in plakjes van $1/4$ inch gesneden Zout en versgemalen zwarte peper
- $1/2$ kopje bloem voor alle doeleinden
- 2 eetlepels olijfolie
- 1 middelgrote sjalot, fijngehakt
- 2 teentjes knoflook, fijngehakt
- 2 eetlepels kappertjes
- $1/3$ kopje witte wijn
- $1/3$ kopje groentebouillon, zelfgemaakt (zie Lichte groentebouillon) of in de winkel gekocht
- 2 eetlepels vers citroensap
- 2 eetlepels veganistische margarine
- 2 eetlepels fijngehakte verse peterselie

Verwarm de oven voor op 135°C. Bestrooi de seitan met zout en peper naar smaak en haal hem door de bloem.

Verhit 2 eetlepels olie in een grote koekenpan op middelhoog vuur. Voeg de gedregde seitan toe en bak tot deze aan beide kanten lichtbruin is, ongeveer 10 minuten. Doe de seitan op een hittebestendige schaal en houd hem warm in de oven.

Verhit in dezelfde pan de resterende 1 eetlepel olie op middelhoog vuur. Voeg de sjalot en knoflook toe, bak 2 minuten en roer dan de kappertjes, wijn en bouillon erdoor. Laat een minuut of twee sudderen om iets te laten inkoken en voeg dan het citroensap, de margarine en de peterselie toe en roer tot de margarine is gemengd met de saus. Giet de saus over de gebruinde seitan en serveer direct.

81. Driezaden Seitan

Voor 4 porties

- ¹/₄ kopje ongezouten gepelde zonnebloempitten
- ¹/₄ kopje ongezouten gepelde pompoenpitten (pepitas)
- ¹/₄ kopje sesamzaadjes
- ¾ kopje bloem voor alle doeleinden
- 1 theelepel gemalen koriander
- 1 theelepel gerookte paprika
- ¹/₂ theelepel zout
- ¹/₄ theelepel versgemalen zwarte peper
- 1 pond seitan, zelfgemaakt of in de winkel gekocht, in hapklare stukken gesneden
- 2 eetlepels olijfolie

Doe de zonnebloempitten, pompoenpitten en sesamzaadjes in een keukenmachine en maal ze tot poeder. Doe ze in een ondiepe kom, voeg de bloem, koriander, paprika, zout en peper toe en roer tot ze gemengd zijn.

Bevochtig de seitanstukjes met water en haal ze vervolgens door het zadenmengsel tot ze helemaal bedekt zijn.

Verhit de olie in een grote koekenpan op middelhoog vuur. Voeg de seitan toe en bak tot deze lichtbruin en knapperig is aan beide kanten. Serveer direct.

82. Fajitas zonder grenzen

Voor 4 porties

- 1 eetlepel olijfolie
- 1 kleine rode ui, fijngesneden
- 280 gram seitan, zelfgemaakt of in de winkel gekocht, in reepjes van $1/2$ inch gesneden
- $1/4$ kopje ingeblikte, hete of milde, fijngehakte groene pepers
- Zout en versgemalen zwarte peper
- (10-inch) zachte bloemtortilla's
- 2 kopjes tomatensalsa, zelfgemaakt (zie Verse tomatensalsa) of in de winkel gekocht

Verhit de olie in een grote koekenpan op middelhoog vuur. Voeg de ui toe, doe het deksel erop en bak tot hij zacht is, ongeveer 7 minuten. Voeg de seitan toe en bak, zonder deksel, 5 minuten.

Voeg de zoete aardappelen, chilipepers, oregano en zout en peper naar smaak toe en roer goed. Blijf koken tot het mengsel heet is en de smaken goed gemengd zijn, af en toe roerend, ongeveer 7 minuten.

Verwarm de tortilla's in een droge koekenpan. Leg elke tortilla in een ondiepe kom. Schep het seitan- en zoete aardappelmengsel in de tortilla's en bedek ze vervolgens met ongeveer $1/3$ kopje salsa. Bestrooi elke kom met 1 eetlepel olijven, indien gebruikt. Serveer direct, met de overgebleven salsa ernaast.

83. Seitan met groene appelrelish

Voor 4 porties

- 2 Granny Smith-appels, grof gesneden
- $1/2$ kopje fijngehakte rode ui
- $1/2$ jalapeño peper, zaadjes verwijderd en fijngehakt
- 1 $1/2$ theelepels geraspte verse gember
- 2 eetlepels vers limoensap
- 2 theelepels agave nectar
- Zout en versgemalen zwarte peper
- 2 eetlepels olijfolie
- 1 pond seitan, zelfgemaakt of in de winkel gekocht, in plakjes van $1/2$ inch gesneden

Meng in een middelgrote kom de appels, ui, chili, gember, limoensap, agave nectar en zout en peper naar smaak. Zet opzij.

Verhit de olie in een koekenpan op middelhoog vuur. Voeg de seitan toe en bak tot het aan beide kanten bruin is, draai het een keer om, ongeveer 4 minuten per kant. Breng op smaak met zout en peper. Voeg het appelsap toe en bak het een minuut tot het is ingekookt. Serveer direct met de appelrelish.

84. Seitan en broccoli-shiitake roerbak

Voor 4 porties

- 2 eetlepels koolzaadolie of druivenpitolie
- 280 gram seitan, zelfgemaakt of in de winkel gekocht, in plakjes van $1/4$ inch gesneden
- 3 teentjes knoflook, fijngehakt
- 2 theelepels geraspte verse gember
- groene uien, fijngehakt
- 1 middelgrote bos broccoli, in roosjes van 2,5 cm gesneden
- 3 eetlepels sojasaus
- 2 eetlepels droge sherry
- 1 theelepel geroosterde sesamolie
- 1 eetlepel geroosterde sesamzaadjes

Verhit in een grote koekenpan 1 eetlepel olie op middelhoog vuur. Voeg de seitan toe en bak, af en toe roerend, tot lichtbruin, ongeveer 3 minuten. Doe de seitan in een kom en zet apart.

Verhit in dezelfde pan de resterende 1 eetlepel olie op middelhoog vuur. Voeg de champignons toe en bak, onder regelmatig roeren, tot ze bruin zijn, ongeveer 3 minuten. Roer de knoflook, gember en groene uien erdoor en bak nog 30 seconden. Voeg het champignonsmengsel toe aan de gekookte seitan en zet apart.

Voeg de broccoli en het water toe aan dezelfde pan. Dek af en kook tot de broccoli heldergroen begint te worden, ongeveer 3 minuten. Haal de deksel eraf en kook, onder regelmatig roeren, tot de vloeistof verdampt en de broccoli knapperig-mals is, ongeveer 3 minuten langer.

Doe het seitan-paddestoelenmengsel terug in de pan. Voeg de sojasaus en sherry toe en roerbak tot de seitan en groenten warm zijn, ongeveer 3 minuten. Besprenkel met de sesamolie en sesamzaadjes en serveer direct.

85. Seitanbrochettes met perziken

Voor 4 porties

- $1/3$ kopje balsamicoazijn
- 2 eetlepels droge rode wijn
- 2 eetlepels lichtbruine suiker
- $1/4$ kopje gehakte verse basilicum
- $1/4$ kopje gehakte verse marjolein
- 2 eetlepels gehakte knoflook
- 2 eetlepels olijfolie
- 1 pond seitan, zelfgemaakt of in de winkel gekocht, in stukken van 2,5 cm gesneden
- sjalotten, in de lengte gehalveerd en geblancheerd
- Zout en versgemalen zwarte peper
- 2 rijpe perziken, ontpit en in stukjes van 2,5 cm gesneden

Meng de azijn, wijn en suiker in een kleine steelpan en breng aan de kook. Zet het vuur lager en laat het al roerend sudderen tot het tot de helft is gereduceerd, ongeveer 15 minuten. Haal van het vuur.

Meng in een grote kom de basilicum, marjolein, knoflook en olijfolie. Voeg de seitan, sjalotten en perziken toe en meng tot ze bedekt zijn. Breng op smaak met zout en peper

Verwarm de grill voor. *Rijg de seitan, sjalotten en perziken aan de spiesen en bestrijk ze met het balsamicomengsel.

Leg de brochettes op de grill en bak tot de seitan en perziken gegrild zijn, ongeveer 3 minuten per kant. Bestrijk met het resterende balsamicomengsel en serveer direct.

*In plaats van te grillen, kunt u deze brochettes onder de grill leggen. Grill ze 4 tot 5 inch van de hittebron tot ze heet zijn en lichtbruin aan de randen, ongeveer 10 minuten, halverwege een keer omdraaien.

86. Gegrilde seitan- en groentespiesjes

Voor 4 porties

- $1/3$ kopje balsamicoazijn
- 2 eetlepels olijfolie
- 1 eetlepel fijngehakte verse oregano of 1 theelepel gedroogde
- 2 teentjes knoflook, fijngehakt
- $1/2$ theelepel zout
- $1/4$ theelepel versgemalen zwarte peper
- 1 pond seitan, zelfgemaakt of in de winkel gekocht, in blokjes van 2,5 cm gesneden
- 200 gram kleine witte champignons, lichtjes afgespoeld en drooggedept
- 2 kleine courgettes, in stukken van 2,5 cm gesneden
- 1 middelgrote gele paprika, in blokjes van 2,5 cm gesneden
- rijpe kerstomaatjes

Meng in een middelgrote kom de azijn, olie, oregano, tijm, knoflook, zout en zwarte peper. Voeg de seitan, champignons, courgette, paprika en tomaten toe en draai ze om. Marineer 30 minuten op kamertemperatuur en draai ze af en toe om. Giet de seitan en groenten af en bewaar de marinade.

Verwarm de grill voor. *Rijg de seitan, champignons en tomaten aan spiesjes.

Leg de spiesen op de hete grill en bak ze, draai de spiesen halverwege het grillen een keer om, ongeveer 10 minuten in totaal. Besprenkel met een kleine hoeveelheid van de achtergehouden marinade en serveer direct.

*In plaats van te grillen, kunt u deze spiesen onder de grill leggen. Grill 4 tot 5 inch van de hittebron tot ze heet zijn en lichtbruin aan de randen, ongeveer 10 minuten, halverwege het grillen een keer omdraaien.

87. Seitan En Croute

Voor 4 porties

- 1 eetlepel olijfolie
- 2 middelgrote sjalotten, fijngehakt
- ounces witte champignons, fijngehakt
- $1/4$ kopje Madeira
- 1 eetlepel fijngehakte verse peterselie
- $1/2$ theelepel gedroogde tijm
- $1/2$ theelepel gedroogde bonenkruid
- 2 kopjes fijngehakte droge broodblokjes
- Zout en versgemalen zwarte peper
- 1 bevroren bladerdeegvel, ontdooid
- ($1/4$ inch dikke) seitanplakken van ongeveer 3 x 4 inch ovalen of rechthoeken, drooggedept

Verhit de olie in een grote koekenpan op middelhoog vuur. Voeg de sjalotten toe en bak tot ze zacht zijn, ongeveer 3 minuten. Voeg de champignons toe en bak, af en toe roerend, tot de champignons zacht zijn, ongeveer 5 minuten. Voeg de Madiera, peterselie, tijm en bonenkruid toe en bak tot de vloeistof bijna is verdampt. Roer de broodblokjes erdoor en breng op smaak met zout en peper. Zet apart om af te koelen.

Leg het bladerdeeg op een groot stuk plasticfolie op een plat werkoppervlak. Bedek met een ander stuk plasticfolie en rol het deeg met een deegroller iets uit om het glad te maken. Snijd het deeg in vieren. Leg 1 plak seitan in het midden van elk stuk deeg. Verdeel de vulling erover en smeer het uit om de seitan te bedekken. Bedek elk stuk met de resterende seitanplakken. Vouw het deeg omhoog om de vulling in te sluiten en druk de randen met je vingers dicht om het te sluiten. Leg de deegpakketjes, met de naad naar beneden, op een grote, niet ingevette bakplaat en zet ze 30 minuten in de koelkast. Verwarm de oven voor op 400°F. Bak tot de korst goudbruin is, ongeveer 20 minuten. Serveer direct.

88. Seitan en aardappeltaart

Voor 6 porties

- 2 eetlepels olijfolie
- 1 middelgrote gele ui, fijngehakt
- 4 kopjes gehakte verse jonge spinazie of snijbiet
- 226 gram seitan, zelfgemaakt of in de winkel gekocht, fijngehakt
- 1 theelepel fijngehakte verse marjolein
- $1/2$ theelepel gemalen venkelzaad
- $1/4$ tot $1/2$ theelepel gemalen rode peper
- Zout en versgemalen zwarte peper
- $1/4$ inch gesneden
- $1/2$ kopje veganistische Parmezaanse kaas of Parmasio

Verwarm de oven voor op 200°C. Vet een ovenschaal van 3 liter of een bakvorm van 23 x 33 cm licht in met olie en zet opzij.

Verhit in een grote koekenpan 1 eetlepel olie op middelhoog vuur. Voeg de ui toe, doe het deksel erop en bak tot het zacht is, ongeveer 7 minuten. Voeg de spinazie toe en bak, zonder deksel, tot het geslonken is, ongeveer 3 minuten. Roer de seitan, marjolein, venkelzaad en gemalen rode peper erdoor en bak tot het goed gemengd is. Breng op smaak met zout en peper. Zet opzij.

Verdeel de tomatenschijfjes over de bodem van de voorbereide pan. Bedek met een laag licht overlappende aardappelschijfjes. Bestrijk de aardappellaag met wat van de resterende 1 eetlepel olie en breng op smaak met zout en peper. Verdeel ongeveer de helft van het seitan-spinaziemengsel over de aardappelen. Bedek met nog een laag aardappelen, gevolgd door het resterende seitan-spinaziemengsel. Bedek met een laatste laag aardappelen, besprenkel met de resterende olie en zout en peper naar smaak. Bestrooi met de Parmezaanse kaas. Dek af en bak tot de aardappelen zacht zijn, 45 minuten tot 1 uur. Haal de afdekking eraf en bak verder tot de bovenkant bruin is, 10 tot 15 minuten. Serveer direct.

89. Rustieke Cottagetaart

Voor 4 tot 6 porties

- Yukon Gold-aardappelen, geschild en in blokjes van 2,5 cm gesneden
- 2 eetlepels veganistische margarine
- $1/4$ kopje ongezoete sojamelk
- Zout en versgemalen zwarte peper
- 1 eetlepel olijfolie
- 1 middelgrote gele ui, fijngehakt

- 1 middelgrote wortel, fijngehakt
- 1 stengel bleekselderij, fijngesneden
- ounces seitan, zelfgemaakt of in de winkel gekocht, fijngehakt
- 1 kopje bevroren erwten
- 1 kopje bevroren maïskorrels
- 1 theelepel gedroogde bonenkruid
- $1/2$ theelepel gedroogde tijm

Kook de aardappelen in een pan met kokend gezouten water tot ze zacht zijn, 15 tot 20 minuten. Giet ze goed af en doe ze terug in de pan. Voeg de margarine, sojamelk en zout en peper naar smaak toe. Prak ze grof met een aardappelstamper en zet ze opzij. Verwarm de oven voor op 350°F.

Verhit de olie in een grote koekenpan op middelhoog vuur. Voeg de ui, wortel en selderij toe. Dek af en kook tot ze zacht zijn, ongeveer 10 minuten. Doe de groenten in een bakvorm van 9 x 13 inch. Roer de seitan, champignonsaus, erwten, maïs, bonenkruid en tijm erdoor. Breng op smaak met zout en peper en verdeel het mengsel gelijkmatig over de bakvorm.

Bedek met de aardappelpuree en spreid het uit tot aan de randen van de bakvorm. Bak tot de aardappelen bruin zijn en de vulling bubbelt, ongeveer 45 minuten. Serveer direct.

90. Seitan met spinazie en tomaten

Voor 4 porties

- 2 eetlepels olijfolie
- 1 pond seitan, zelfgemaakt of in de winkel gekocht, in $1/4$-inch reepjes gesneden
- Zout en versgemalen zwarte peper
- 3 teentjes knoflook, fijngehakt
- 4 kopjes verse babyspinazie
- in olie verpakte zongedroogde tomaten, in $1/4$-inch reepjes gesneden
- $1/2$ kopje ontpitte Kalamata-olijven, gehalveerd
- 1 eetlepel kappertjes
- $1/4$ theelepel gemalen rode peper

Verhit de olie in een grote koekenpan op middelhoog vuur. Voeg de seitan toe, breng op smaak met zout en zwarte peper en bak tot het bruin is, ongeveer 5 minuten per kant.

Voeg de knoflook toe en bak 1 minuut om zacht te worden. Voeg de spinazie toe en bak tot deze geslonken is, ongeveer 3 minuten. Roer de tomaten, olijven, kappertjes en gemalen rode peper erdoor. Breng op smaak met zout en zwarte peper. Bak, al roerend, tot de smaken gemengd zijn, ongeveer 5 minuten

Direct serveren.

91. Seitan en gegratineerde aardappelen

Voor 4 porties

- 2 eetlepels olijfolie
- 1 kleine gele ui, fijngehakt
- $1/4$ kopje fijngehakte groene paprika
- $1/4$ inch gesneden
- $1/2$ theelepel zout
- $1/4$ theelepel versgemalen zwarte peper
- 280 gram seitan, zelfgemaakt of in de winkel gekocht, fijngehakt
- $1/2$ kopje ongezoete sojamelk
- 1 eetlepel veganistische margarine
- 2 eetlepels fijngehakte verse peterselie, als garnering

Verwarm de oven voor op 175°C. Vet een vierkante bakvorm van 25 cm licht in met olie en zet deze opzij.

Verhit de olie in een koekenpan op middelhoog vuur. Voeg de ui en paprika toe en bak tot ze zacht zijn, ongeveer 7 minuten. Zet opzij.

Leg de helft van de aardappelen in de voorbereide bakvorm en bestrooi met zout en zwarte peper naar smaak. Strooi het uien-paprikamengsel en de gehakte seitan over de aardappelen. Leg de resterende aardappelschijfjes erop en bestrooi met zout en zwarte peper naar smaak.

Meng in een middelgrote kom de bruine saus en sojamelk tot het goed gemengd is. Giet over de aardappelen. Bestrijk de bovenste laag met margarine en dek goed af met aluminiumfolie. Bak gedurende 1 uur. Verwijder de folie en bak nog eens 20 minuten of tot de bovenkant goudbruin is. Serveer direct bestrooid met de peterselie.

92. Koreaanse noedels roerbak

Voor 4 porties

- 226 gram dang myun- of bonennoedels
- 2 eetlepels geroosterde sesamolie
- 1 eetlepel suiker
- $1/4$ theelepel zout
- $1/4$ theelepel gemalen cayennepeper
- 2 eetlepels koolzaadolie of druivenpitolie
- 226 gram seitan, zelfgemaakt of in de winkel gekocht, in reepjes van $1/4$ inch gesneden
- 1 middelgrote ui, in de lengte gehalveerd en in dunne plakjes gesneden
- 1 middelgrote wortel, in dunne lucifers gesneden
- 170 gram verse shiitake-paddenstoelen, zonder steel en in dunne plakjes gesneden
- 3 kopjes fijngesneden paksoi of andere Aziatische kool
- 3 groene uien, fijngesneden

- 3 teentjes knoflook, fijngehakt
- 1 kopje taugé
- 2 eetlepels sesamzaadjes, ter garnering

Week de noedels 15 minuten in heet water. Giet af en spoel af onder koud water. Zet apart.

Meng in een kleine kom de sojasaus, sesamolie, suiker, zout en cayennepeper en zet het opzij.

Verhit in een grote koekenpan 1 eetlepel olie op middelhoog vuur. Voeg de seitan toe en roerbak tot deze bruin is, ongeveer 2 minuten. Haal uit de koekenpan en zet apart.

Voeg de resterende 1 eetlepel canola-olie toe aan dezelfde koekenpan en verwarm op middelhoog vuur. Voeg de ui en wortel toe en roerbak tot ze zacht zijn, ongeveer 3 minuten. Voeg de champignons, paksoi, groene uien en knoflook toe en roerbak tot ze zacht zijn, ongeveer 3 minuten.

Voeg de taugé toe en roerbak 30 seconden, voeg dan de gekookte noedels, gebruinde seitan en sojasausmengsel toe en roer om te coaten. Blijf koken, af en toe roeren, tot de ingrediënten heet en goed gemengd zijn, 3 tot 5 minuten. Doe over in een grote serveerschaal, bestrooi met sesamzaadjes en serveer direct.

93. Rode bonen-chili met Jerk-kruiden

Voor 4 porties

- 1 eetlepel olijfolie
- 1 middelgrote ui, fijngehakt
- 280 gram seitan, zelfgemaakt of in de winkel gekocht, fijngehakt
- 3 kopjes gekookte of 2 (425 gram) blikken donkerrode kidneybonen, uitgelekt en afgespoeld
- (14,5-ounce) blik geplette tomaten
- (14,5-ounce) blik tomatenblokjes, uitgelekt
- (113 gram) blik gehakte milde of hete groene chilipepers, uitgelekt
- $1/2$ kopje barbecuesaus, zelfgemaakt of in de winkel gekocht
- 1 kopje water
- 1 eetlepel sojasaus

- 1 eetlepel chilipoeder
- 1 theelepel gemalen komijn
- 1 theelepel gemalen piment
- 1 theelepel suiker
- $1/2$ theelepel gemalen oregano
- $1/4$ theelepel gemalen cayennepeper
- $1/2$ theelepel zout
- $1/4$ theelepel versgemalen zwarte peper

Verhit de olie in een grote pan op middelhoog vuur. Voeg de ui en seitan toe. Dek af en kook, tot de ui zacht is, ongeveer 10 minuten.

Voeg de kidneybonen, geplette tomaten, tomatenblokjes en chilipepers toe. Voeg de barbecuesaus, water, sojasaus, chilipoeder, komijn, piment, suiker, oregano, cayennepeper, zout en zwarte peper toe.

Breng aan de kook, verlaag het vuur naar medium en laat het afgedekt sudderen tot de groenten zacht zijn, ongeveer 45 minuten. Haal het deksel eraf en laat het nog ongeveer 10 minuten sudderen. Serveer direct.

94. Herfststoofpot met medley

Voor 4 tot 6 porties

- 2 eetlepels olijfolie
- 280 gram seitan, zelfgemaakt of in de winkel gekocht, in blokjes van 2,5 cm gesneden
- Zout en versgemalen zwarte peper
- 1 grote gele ui, fijngesneden
- 2 teentjes knoflook, fijngehakt
- 1 grote aardappel, geschild en in blokjes van $1/2$ inch gesneden
- 1 middelgrote pastinaak, in blokjes van $1/4$ inch gesneden
- 1 kleine pompoen, geschild, gehalveerd, ontpit en in blokjes van $1/2$ inch gesneden
- 1 kleine savooiekool, fijngesneden
- 1 blik (412 gram) tomatenblokjes, uitgelekt
- $1\,1/2$ kopjes gekookte of 1 (15,5-ounce) blik kikkererwten, uitgelekt en afgespoeld

- 2 kopjes groentebouillon, zelfgemaakt (zie Lichte groentebouillon) of kant-en-klaar, of water
- $^1/_2$ theelepel gedroogde marjolein
- $^1/_2$ theelepel gedroogde tijm
- $^1/_2$ kopje verkruimelde engelhaarpasta

Verhit in een grote koekenpan 1 eetlepel olie op middelhoog vuur. Voeg de seitan toe en bak tot deze aan alle kanten bruin is, ongeveer 5 minuten. Breng op smaak met zout en peper en zet apart.

Verhit in een grote pan de resterende 1 eetlepel olie op middelhoog vuur. Voeg de ui en knoflook toe. Dek af en kook tot ze zacht zijn, ongeveer 5 minuten. Voeg de aardappel, wortel, pastinaak en pompoen toe. Dek af en kook tot ze zacht zijn, ongeveer 10 minuten.

Roer de kool, tomaten, kikkererwten, bouillon, wijn, marjolein, tijm en zout en peper naar smaak erdoor. Breng aan de kook en zet het vuur laag. Dek af en kook, af en toe roerend, tot de groenten zacht zijn, ongeveer 45 minuten. Voeg de gekookte seitan en de pasta toe en laat sudderen tot de pasta zacht is en de smaken gemengd zijn, ongeveer 10 minuten langer. Serveer direct.

95. Italiaanse rijst met seitan

Voor 4 porties

- 2 kopjes water
- 1 kopje langkorrelige bruine of witte rijst
- 2 eetlepels olijfolie
- 1 middelgrote gele ui, fijngesneden
- 2 teentjes knoflook, fijngehakt
- 280 gram seitan, zelfgemaakt of in de winkel gekocht, fijngehakt
- 113 gram witte champignons, fijngehakt
- 1 theelepel gedroogde basilicum
- $1/2$ theelepel gemalen venkelzaad
- $1/4$ theelepel gemalen rode peper
- Zout en versgemalen zwarte peper

Breng het water in een grote pan aan de kook op hoog vuur. Voeg de rijst toe, zet het vuur laag, doe het deksel erop en kook tot het gaar is, ongeveer 30 minuten.

Verhit de olie in een grote koekenpan op middelhoog vuur. Voeg de ui toe, doe het deksel erop en bak tot hij zacht is, ongeveer 5 minuten. Voeg de seitan toe en bak onafgedekt tot hij bruin is. Roer de champignons erdoor en bak tot hij zacht is, ongeveer 5 minuten langer. Roer de basilicum, venkel, gemalen rode peper en zout en zwarte peper naar smaak erdoor.

Doe de gekookte rijst in een grote serveerschaal. Roer het seitanmengsel erdoor en meng grondig. Voeg een royale hoeveelheid zwarte peper toe en serveer direct.

96. Twee-aardappel-hash

Voor 4 porties

- 2 eetlepels olijfolie
- 1 middelgrote rode ui, fijngehakt
- 1 middelgrote rode of gele paprika, fijngehakt
- 1 gekookte middelgrote aardappel, geschild en in blokjes van ½ inch gesneden
- 1 gekookte middelgrote zoete aardappel, geschild en in blokjes van ½ inch gesneden
- 2 kopjes gehakte seitan, zelfgemaakt
- Zout en versgemalen zwarte peper

Verhit de olie in een grote koekenpan op middelhoog vuur. Voeg de ui en paprika toe.

Dek af en kook tot ze zacht zijn, ongeveer 7 minuten.

Voeg de witte aardappel, zoete aardappel en seitan toe en breng op smaak met zout en peper. Kook, onafgedekt, tot lichtbruin, roer regelmatig, ongeveer 10 minuten. Serveer warm.

97. Enchiladas met zure room en seitan

VOOR 8 PERSONEN
INGREDIËNTEN

Seitan
- 1 kopje tarweglutenmeel
- 1/4 kopje kikkererwtenmeel
- 1/4 kopje voedingsgist
- 1 theelepel uienpoeder
- 1/2 theelepel knoflookpoeder
- 1 1/2 theelepel groentebouillonpoeder
- 1/2 kopje water
- 2 eetlepels versgeperst citroensap
- 2 eetlepels sojasaus
- 2 kopjes groentebouillon

Zure roomsaus
- 2 eetlepels veganistische margarine

- 2 eetlepels bloem
- 1 1/2 kopje groentebouillon
- 2 (8 oz) pakken veganistische zure room
- 1 kopje salsa verde (tomatillo-salsa)
- 1/2 theelepel zout
- 1/2 theelepel gemalen witte peper
- 1/4 kopje gehakte koriander

Enchilada's
- 2 eetlepels olijfolie
- 1/2 middelgrote ui, in blokjes gesneden
- 2 teentjes knoflook, fijngehakt
- 2 serranopepers, fijngehakt (zie tip)
- 1/4 kopje tomatenpuree
- 1/4 kopje water
- 1 eetlepel komijn
- 2 eetlepels chilipoeder
- 1 theelepel zout
- 15-20 maïstortilla's
- 1 (8 oz) verpakking Daiya Cheddar Style Shreds
- 1/2 kopje gehakte koriander

METHODE

a) Bereid de seitan voor. Verwarm de oven voor op 325 graden Fahrenheit. Vet een ovenschaal met deksel licht in met antiaanbakspray. Meng bloem, voedingsgist, kruiden en groentebouillonpoeder in een grote kom. Meng het water, citroensap en sojasaus in een kleine kom. Voeg de natte ingrediënten toe aan de droge ingrediënten en roer tot er een deeg ontstaat. Pas de hoeveelheid water of gluten naar behoefte aan (zie tip). Kneed het deeg 5 minuten en vorm er dan een brood van. Doe de seitan in de ovenschaal en bedek met 2 kopjes groentebouillon. Dek af en laat 40 minuten koken. Draai het brood om, dek af en laat nog eens 40 minuten koken. Haal de seitan uit de schaal en laat hem rusten tot hij voldoende is afgekoeld om vast te pakken.

b) Steek een vork in de bovenkant van het seitanbrood en houd het met één hand op zijn plek. Gebruik een tweede vork om het brood in kleine stukjes te scheuren en te verkruimelen.

c) Bereid de zure roomsaus. Smelt de margarine in een grote pan op middelhoog vuur. Roer de bloem erdoor met een garde en kook 1 minuut. Giet langzaam de groentebouillon erbij terwijl je constant klopt tot het glad is. Kook 5 minuten, blijf kloppen, tot de saus is ingedikt. Klop de zure room en salsa verde erdoor en roer dan de overige ingrediënten voor de saus erdoor. Laat het niet koken, maar kook tot het helemaal is opgewarmd. Haal van het vuur en zet apart.

d) Bereid de enchiladas voor. Verhit olijfolie in een grote pan op middelhoog vuur. Voeg ui toe en bak 5 minuten of tot ze glazig zijn. Voeg knoflook en Serrano pepers toe en bak nog 1 minuut. Roer er geraspte seitan, tomatenpuree, komijn, chilipoeder en zout door. Bak 2 minuten en haal dan van het vuur.

e) Verwarm de oven voor op 350 graden Fahrenheit. Verwarm de tortilla's in een koekenpan of in de magnetron en dek ze af met een theedoek. Verdeel 1 kopje zure roomsaus over de bodem van een ovenschaal van 5 liter. Doe een schamele 1/4 kopje van het geraspte seitanmengsel en 1 eetlepel Daiya op een tortilla. Rol op en leg in de ovenschaal met de naad naar beneden. Herhaal dit met de overige tortilla's. Bedek de enchiladas met de resterende zure roomsaus en bestrooi ze vervolgens met Daiya.

f) Bak enchiladas 25 minuten of tot ze bubbelen en lichtbruin zijn. Laat 10 minuten afkoelen. Bestrooi met 1/2 kopje gehakte koriander en serveer.

98. Veganistisch gevulde seitangebraad

Ingrediënten
   Voor de seitan:
   - 4 grote teentjes knoflook
   - 350 ml groentebouillon koud
   - 2 eetlepels zonnebloemolie
   - 1 tl Marmite optioneel
   - 280 g vitale tarwegluten

- 3 eetlepels voedingsgistvlokken
- 2 tl zoete paprika
- 2 tl groentebouillonpoeder
- 1 tl verse rozemarijnnaaldjes
- ½ tl zwarte peper

Plus:
- 500 g Veganistische Rode Kool- en Champignonvulling
- 300 g Pittige Pompoenpuree
- Metrisch – Amerikaans gebruikelijk

Instructies
a) Verwarm de oven voor op 180°C (gasstand 4).
b) Meng in een grote mengkom de tarwegluten, voedingsgist, bouillonpoeder, paprikapoeder, rozemarijn en zwarte peper.
c) Gebruik een blender (op het aanrecht of in de staafmixer) en mix de knoflook, bouillon, olie en Marmite door elkaar. Voeg dit vervolgens toe aan de droge ingrediënten.
d) Meng alles goed door elkaar en kneed het vervolgens vijf minuten. (noot 1)
e) Rol de seitan op een groot stuk siliconen bakpapier uit tot een enigszins rechthoekige vorm, totdat deze ongeveer 1,5 cm dik is.
f) Bestrijk het geheel rijkelijk met pompoenpuree en voeg vervolgens een laag kool-champignonvulling toe.
g) Rol de seitan voorzichtig op tot een rolletje, beginnend bij een van de korte uiteinden, met behulp van het bakpapier. Probeer de seitan niet uit te rekken terwijl u dit doet. Druk de uiteinden van de seitan tegen elkaar om te sluiten.

h) Wikkel het houtblok strak in aluminiumfolie. Als uw folie dun is, gebruik dan twee of drie lagen.

i) (Ik wikkel de mijne in als een gigantische toffee – en draai de uiteinden van de folie strak om te voorkomen dat ze losraken!)

j) Leg de seitan direct op een rooster in het midden van de oven en laat hem twee uur bakken. Draai hem elke 30 minuten om, zodat hij gelijkmatig gaar en bruin wordt.

k) Zodra het gaar is, laat u het gevulde seitangebraad 20 minuten rusten in de verpakking voordat u het aansnijdt.

l) Serveer met traditionele geroosterde groenten, een van tevoren gemaakte paddenstoelensaus en andere garnituren naar keuze.

100. Cubaanse Seitan Sandwich

Ingrediënten
- Mojo geroosterde seitan:
- 3/4 kopje vers sinaasappelsap
- 3 eetlepels vers limoensap
- 3 eetlepels olijfolie
- 4 teentjes knoflook, fijngehakt
- 1 theelepel gedroogde oregano
- 1/2 theelepel gemalen komijn
- 1/2 theelepel zout
- 1/2 pond seitan, in 1/4-inch dikke plakken gesneden

Voor montage:
- 4 (15 tot 20 cm lange) veganistische submarinebroodjes, of 1 zacht veganistisch Italiaans brood, in de breedte in 4 stukken gesneden
- Veganistische boter, op kamertemperatuur, of olijfolie
- Gele mosterd

- 1 kopje augurken met brood en boter 8 plakjes kant-en-klare veganistische ham
- 8 plakjes milde veganistische kaas (Amerikaanse of gele kaassmaak heeft de voorkeur)

Routebeschrijving

a) Bereid de seitan voor: Verwarm de oven voor op 375°F. Klop alle mojo-ingrediënten behalve de seitan door elkaar in een keramische of glazen bakvorm van 7 x 11 inch. Voeg de seitanreepjes toe en hussel ze om ze te bedekken met de marinade. Rooster ze 10 minuten en draai de plakjes dan een keer om, tot de randen lichtbruin zijn en er nog wat sappige marinade over is (niet te lang bakken!). Haal ze uit de oven en laat ze afkoelen.

b) Stel de sandwiches samen: snijd elk broodje of stuk brood horizontaal doormidden en smeer beide helften royaal in met boter of bestrijk ze met olijfolie. Smeer op de onderste helft van elk broodje een dikke laag mosterd, een paar plakjes augurk, twee plakjes ham en een kwart van de seitanplakjes en bedek met twee plakjes kaas.

c) Smeer een beetje van de overgebleven marinade op de snijkant van de andere helft van het broodje en leg het vervolgens op de onderste helft van de sandwich. Bestrijk de buitenkant van de sandwich met nog wat olijfolie of smeer het in met boter.

d) Verwarm een gietijzeren pan van 10 tot 12 inch op middelhoog vuur. Doe voorzichtig twee sandwiches in de pan en leg er iets zwaars en hittebestendigs op, zoals een andere gietijzeren pan of een baksteen bedekt met meerdere lagen stevige aluminiumfolie. Grill de sandwich 3 tot 4 minuten, waarbij u goed oplet dat het brood niet verbrandt; verlaag indien nodig het vuur iets terwijl de sandwich gaart.

e) Wanneer het brood er geroosterd uitziet, haal je de pan/steen eruit en gebruik je een brede spatel om elke sandwich voorzichtig om te draaien. Druk opnieuw met het gewicht en bak nog eens 3 minuten of zo, tot de kaas heet en gesmolten is.
f) Verwijder het gewicht, leg elke sandwich op een snijplank en snijd ze diagonaal door met een gekarteld mes. Serveer ze ho

CONCLUSIE

Tempeh heeft een sterkere nootachtige smaak en is dichter en bevat meer vezels en eiwitten. Seitan is sluwer dan tempeh omdat het vaak doorgaat voor vlees vanwege de hartige smaak. Als bonus bevat het ook meer eiwitten en minder koolhydraten.

Seitan is het minst plantaardige eiwit dat de minste voorbereiding vereist. Je kunt seitan meestal vervangen door vlees in recepten met een 1:1-substitutie en in tegenstelling tot vlees hoef je het niet te verwarmen voordat je het eet. Een van de beste manieren om het te gebruiken is als kruimels in een pastasaus.

Als het om tempeh gaat, is het belangrijk om goed te marineren. Marinadeopties kunnen sojasaus, limoen- of citroensap, kokosmelk, pindakaas, ahornsiroop, gember of kruiden zijn. Als je geen uren hebt om je tempeh te marineren, kun je het stomen met water om het zachter en poreuzer te maken.